AQUARIUS

AQUARIUS

AQUARIUS

AQUARIUS

Vision

一些人物，
一些視野，
一些觀點，
與一個全新的遠景！

# 一不小心就被告

白話的生活法律對策

雷皓明 律師——著

推薦序——

# 一不小心就被「師」

## ——聽大學教師白目解釋雷律師寫的書

文◎吳豪人（輔仁大學法律學院教授）

那是上個世紀九〇年代初期，我剛在日本京都大學留學的事情了。當時法研所裡面有個大阪人安井，平日飛揚跋扈，眼高於頂，不太理睬人；唯獨對我甚是熱絡、友善。我不明就理，只覺得受寵若驚。

有一天，安井主動提議，願意擔任導遊，讓我見識「真正的大阪」。第一站，居然是一家柏青哥店。除了跟日本所有的柏青哥店一樣，店內烏煙瘴氣、電子音震耳欲聾之外，看不出有何特異之處。我心下納悶，他則神秘地微笑，指著牆壁。

「看到了嗎？」

「看到什麼？……喔，好像有兩個洞。」

「是彈孔。」安井補充說明：「這可是你們台灣黑道大哥楊雙伍留給大阪人的紀念品。」

安井接下來的解釋，說明了為什麼他對我另眼相看的理由。

「我喜歡動作片，尤其是香港吳宇森導演的作品。豪哥狄龍、小馬周潤發，實在太酷了。日本的流氓根本沒有看頭。打架前還得互通身世戶口大哥是誰，幫裡排名第幾，講完火氣都沒了，還打什麼？」

那又怎樣？

「可是啊可是，就算是豪哥、小馬哥吧，在香港威風八面，」他低聲說：「組織派他們去一趟台灣，兩個人就好似大敵當頭，腳都軟了。而且一個被捕，一個殘廢，果然都在台灣出事。」

那只是電影哪，我提醒他。安井說：「對，只是電影。不過即使電影，也有事實根據吧。這兩個彈孔就是了。」這個說法未免跳躍。「楊雙伍逃亡日本，躲在他老媽的故鄉大阪，天天來這家柏青哥打小鋼珠消遣。有一天跟當地黑道起衝突，對方還在囉哩囉嗦報戶口講交情，楊雙伍已經開了六槍。」

他敬畏地盯著牆上兩個彈孔，下了結論：

「可見台灣人有多狠。怪不得豪哥、小馬哥也惹不起台灣人。」

原來如此。沒想到，十大槍擊要犯楊雙伍留下來的這兩個彈孔，居然庇蔭了我這個並不狠的台灣人留學生。

安井這個動作電影宅，其實是法律系的高材生，一輩子都與我交好。說一輩子，因為他英年早逝，已經死了十年。不過，我為什麼會無端回憶起這段美好而悲傷的往事呢？因為幾天之前，我忽然接到一個訊息，來自一位自稱輔大法學院畢業生的雷皓明律師，告訴我，他要出書了，書名叫做《一不小心就被吉——白話的生活法律對策》。我說嗯嗯哦哦恭喜恭喜，「不過這跟我有何關係呢？」雷律師很客氣地說：「想請老師寫個推薦序。」

我心想，我是個有名的白目大學教師，雖然不至於在柏青哥開槍，但也從來不懂得說人家高興聽的話。萬一實話實說的推薦序，寫得幫了倒忙，一不小心就被作者吉了呢？因此就拒絕了。我是這麼回絕的：

「雷律師好。雖然你念過輔大財法所（編輯說明：即財經法研究所），實情是我不認識你，你也不認識我。所以你完全依賴傳聞證據，找我寫（你人生的第一本書的）推薦序，嘿嘿嘿，會不會太冒險？」

我一邊拒絕，一邊不由得憶起大阪人安井的「台灣人論」。喂，不是每個台灣人都是狠角色，好嗎？同理，喂，不是每個大學教授都有義務／有能力幫律師學生的書寫序，好嗎？

結果？結果您不是正在看我寫的推薦序嗎？

原來，當我推推拖拖、不改其樂地延續課堂欺負學生的良好習慣之際，左眼餘光一不小心瀏覽了雷律師寄來的書稿，接著就捨不得移開目光，再接著，就讀入迷了。嗯嗯啊啊，原來如此原來如此。如果真的有什麼「法意識」，那麼這個社會的法意識確實從根柢改變了。甭說一不小心就被吉，其實一不小心就吉人哪。

「To吉or not to吉」與「To吉or to be吉」的兩股法意識，正在我們這個社會流竄，訴訟的日常生活化，也勢不可當。尤其在網際網路橫掃全球的如今，Po文賈禍，稀鬆平常。而虛擬世界「匿名性」的錯覺，又總是鼓勵網友敢言、大言、妄言，卻不知道IP一旦落入人手，立馬您得威龍闖天關。而且在網路氣壯山河慣了，回到現實生活，方知惡習難戒，因此麻煩、糾紛也就如附骨之蛆，常相左右了。只不過，到了這時候我們才發現，現代人膽氣雖壯，其實法律常識「並沒有」比較進步。雖說萬事問臉書，卜卦用孤狗，唯有訴訟，問之無益有害。

這個時候您才知道，律師（以及律師的意見），對於權利保護有多麼重要。不同於「在朝法曹」（法官和檢察官）的公務員身分，律師號稱「在野法曹」，是所有法律專業人士裡面，以當事人——也就是您——利益為第一優先、始終站在當事人角度（而非國家威信或者衙門面子）思考的唯一職種。而且台灣的律師，公益性很強，所以也不是美國那種一味鼓勵興訟、把訴訟當成健保使用的「鬥師」。真正高明的律師都知道，法律的重點並不在言人人殊的實踐「正義」，而在於解決糾紛。這種高明的律師，也都如同高明的軍事將領，知道訴訟與戰爭，都是最後的手段。

雷皓明律師告訴我，這本書雖然以他的名義出版，其實是他與事務所團隊平日腦力激盪的共同成果。果真如此，那麼這是個絕不容小覷的、聰明過人的團隊。因為整本書都在（親切地）教導我們，如何「不戰止兵，不訟定紛」的「不訟之訟」策略。難得的是應用範圍如此之廣，卻能寫得如此淺顯易懂，完全符合我向來主張的「連猴子也懂」的白話司法。

呃，我當然不是說您是猴子，我是說，有了這本書，即使您的對造是猴子，想必也懂得大家收手，和平解決。所以，無論您被吉了或者可能被吉，無論您已經吉人了或者準備吉人，聽老師的話，一次買兩本：一本自用，一本送給對手。彼此回家沙盤推演，就知道無須浪費司法資源與苦短人生，事情總能和平收場的。

推薦序——

# 活生生又有用的法律書

文◎廖元豪（國立政治大學法學院副教授）

法律是我們社會生活中超級重要的工具。雖然華人文化總覺得「訟則凶」，不太願意去法院。但你不想去法院是一回事，碰到了法律爭議總要解決。而且正因為「不想去法院」，我們每個人最好都有起碼的法律知識，才能夠「不把事情鬧上法院」，在生活中就能用合法的方式行事。

然而，法律繁瑣又令人生畏。坊間有些介紹法律的書，但光是法條文字及用語，就讓許多自以為具有中文閱讀能力的人，退避三舍。中學時期的公民課程，雖然講了一些法律，但好像對解決「我家樓下漏水跑來找我怎麼辦」這種重要生活事件沒有幫助。更糟的是，某些網紅律師趁著大家需要法律知識但又不懂法律的「空隙」，亂寫一堆煽情的、扭曲的、主觀的法律小文，居然也獲得不少讀者青睞——即使真的依照網紅律師的說法去打官司，可能結果不妙。可見大眾對於有一點溫度的「法普」知識多麼渴望，但這種書籍又多麼缺乏之！

雷皓明律師的《一不小心就被吉——白話的生活法律對策》，填補了這個空缺。這本書挑選了數十個社會生活上經常產生的法律爭議，用簡明又精確的敘述，告訴我們最可能的答案，以及該有的因應之道。題材有趣、生動，又實用（例如：說別人是「馬英九」、「陳水扁」，構成公然侮辱？網購到底能不能取消訂單？被車子撞了，可以要到多少賠償金？租到凶宅該怎麼辦？離婚時，財產怎麼分？老爸死了，突然跑出私生子來分遺產？買春買到未成年對象，怎麼辦？……），一眼看去就覺得好像這些例子就在我們身邊。

此外，作者的文筆流暢又風趣，絕對沒有一般法律人的匠氣，很接地氣。本書第一章「網路」的第一個案例，就討論網路上罵人的界線。在文章中，我們就看到「出事」的網路文字：

「**隊友不給力啊，還說我是『他媽的死廢物』、『玩輔助不出眼石只想當撿頭狗』。**」

玩網路遊戲的朋友，對這種用語就會很親切（或說，當父母的人，可能也常常聽到）。從頭到尾，本書的敘述、介紹、分析，以及建議，都是明瞭清楚的白話文。作者「不避俗語、俗字」，但也絕不粗俗或賣弄煽情故事。在書中，有國中國文程度的人，就可以清清楚楚讀懂雷律師所說的案例，並且清楚了解他所建議的處理方式。不講深澀的話，更沒有某些律師「留一手」的壞習慣。這本書不但好懂，而且還真的有用！

在此同時，作者雷律師能以高度生活化的實例來說明，提出具體建議，但也會從「巷子內」的角度提出自己很有洞見的看法。例如，在〈說別人是「馬英九」、「陳水扁」，構成公然侮辱〉這一篇，他在完整分析法律與實務之後，最後指出：

從一般人的角度來看，是不是在罵人，其實很明顯。「你跟×××有什麼兩樣！」絕對不會是在誇獎人。但如果檢察官起訴、法官判有罪，不就代表這個×××是法院認證的髒話了嗎？這種黑鍋，誰會去背。

這就比純粹的法律條文分析，更往前多走了一點點，從司法人員的角色與心態，來預測「不太可能起訴這種案件」。這樣的分析，很有道理，也相當有說服力。

又如〈只是轉貼個長輩圖，也侵犯著作權？〉也是現在非常值得注意的題目……每天都會收到好多好多長輩圖啊，而且偶爾自己也想轉。但雷律師就會細膩地提醒，轉貼本身是一種「重製」，的確可能侵害著作權。不過你若只傳給自己好友的群組，或許可以界定為「合理使用」，但若傳到人多的或全公開的群組，那就比較危險。至於「轉貼網址連結」，原則上應該沒問題，但若「明知網站裡的影片是盜版」，那就還是有很大的風險。這樣的細膩、層次分析，有幫助，又很貼心，不是網紅講大話可以比擬的。

又如，〈李敖的遺囑，讓兒女繼承起紛爭？〉，以知名文人，同時也是超級好訟的李敖先生，留下的「遺囑」（按月給女兒李文一千元美金，但李文若對他的妻子、兒子提出任何訴訟或騷擾，就停止給予定期金）當成例子，來分析「遺囑」的效力。而能清楚地在欣賞八卦情節之外，指出「每月給予一千元美金」與遺產無關，因此恐怕不是遺囑效力所及，而只是某種「遺言」！這其實也可以提醒許多讀者，「遺囑」要怎樣才會發揮效力，「遺囑」與單純的「遺言」有何不同。一面談了名人軼事，一方面也是極好的法律教育。

又如，在〈性愛影片被前任情人外流，怎麼辦？〉，雷律師就這種現代網路時代，情侶可能產生的爭議，也很明確地指出，無故偷拍可能附上妨害秘密的刑責。而即使對方當初「同意」拍攝，分享行為依然可能犯「散布猥褻物品」罪。並且建議「別同意拍下你的私密畫面，美好的那些瞬間留在腦海裡即可」。都是相當實用的法律建議。

當然，這不是一本教科書，也不是法律百科大全。但作為一個教授法律的人，能看到有好的讀物，對社會大眾推廣法律知識，並且幫助一般人民對生活中的「常見案例」多加了解，減少爭訟與衝突，總是十分佩服與歡喜。在此感謝雷律師的努力，並大力推薦。

自序——

# 讓法律開口說人話

開始做律師一陣子後，我常常在睡前想著關於法律的事。

倒不是自虐地想著已經塞滿日間行程的法律構成要件、案件原因事實、實務判決與判例，而是在日復一日的工作中，想法律或法律人的意義，想著作為一套大家選擇的制度，法律是否真的讓大多數的人生活變得更好了一點。

身為一個律師，這不該是個問題，如果不相信法律，那似乎也根本不該混這口飯吃。但現實卻沒有這麼簡單。

很多時候，依憑著對法律的相信，我們洋洋灑灑、口若懸河地在課堂上、在法庭中，說著自己覺得無懈可擊又言之在理的法律論述，卻完全無法說服眼前淚眼婆娑的當事人。在我們從大前提、小前提、原則、例外、再例外，大粒汗、小粒汗地說到嘴角全沫，換來的卻往往是當事人一句：「大律師，法律什麼的我不懂，但你不覺得這樣一點都不符合公平正義嗎？」

這曾讓剛剛開始做律師的我有些挫折，畢竟無論是怎麼樣的案件，我一定花了很多心思研究、整理，才能告訴你法律上的前因後果，也才能說這個案子為什麼我們沒採用A主張，而採用B主張，才能告訴你，我多努力地在幫你要贏這個訴訟。但這些曲折反覆，卻無法讓當事人更相信法律，甚至往往理解為法律是不近人情的，不公平、不正義的。

有一段時期，我曾自暴自棄地想，反正當事人根本沒有在嘗試理解，讓當事人理解法律制度設計的原理、目的，也不是我們的工作。反正我就是做好該做的，努力拉緊心裡那條準繩，然後接受當事人依勝敗決定法律是否可以信任，勝訴時，覺得正直跟良善都回來了，敗訴時，覺得法官收賄，司法不公。

但其實有些時候，我是沒辦法說服自己的——明明當事人不在理而勝訴，明明當事人在理而敗訴。所以有時候，我還是會耐不住性子地多說兩句，勸當事人和解，或告訴當事人沒有司法不公。而有少數的時候，當事人總算能有一點點的理解，那好像是跟訴訟案件本身不一樣的成就感，覺得好像也為法律領域盡了一點點棉薄之力。

於是，我開始與事務所的同事們一起在網路上寫東西。

寫的時候，我們盡量嘗試「客觀」，雖然我們在談法律，但是畢竟不是受任何一方委任，沒有哪一個角度一定要贏的問題，也沒有任何人逼迫，我們可以寫我們自己想寫的、覺得大家會有興趣的議題，我們可以站在自己認同的立場書寫。

事務所的同事們討論著、聊著，這似乎變成我們在工作中另外一塊成長及成就感的來源。也因為開始書寫，我們有機會參與協力舉辦一些活動，或在某些社會關注的法律議題上發聲，也得到了諸多民眾的回應、討論和媒體朋友的轉載，現在也固定有文章在東森 Ettoday 新聞雲、關鍵評論網、1111人力銀行等等媒體平台曝光，也因此有了這次出書的機會。

其實無論寫作、出書或寫程式（我們事務所計畫寫一個程式，分析、判斷過往判決的勝敗比例、金額、刑度和上訴率），這些事情，或許都不是律師原本工作內容的一環。每每看我東奔西跑地在弄這些跟案件好像沒有太相關的事，朋友、家人都常常問我：「為什麼要這樣不務正業？」

我想是因為我們常常在思考的這個問題：「法律到底為什麼沒能讓大家信賴，進而改善大家的生活？」

我覺得問題出在「法律成本過高」和「法律運作實務的難以預測性」。

發生車禍，對方要求賠三萬元；向網拍商家買兩萬元的名牌包，卻拿到假貨；老闆要求加班，卻不給加班費……你我在生活中真正比較可能遇到的這些小型法律爭議，很少人願意花八萬元的一審律師費來處理。可是除去律師這個高成本的方案，似乎又沒有其他的解決方法。

偷情妨害家庭，民事賠償到底多數是判決賠十萬，還是一百萬？《刑法》第三二〇條竊盜罪的刑度是五年以下，到底多數判五年，還是兩個月？是別人先動手的，我還手後主張正當防衛，法官判我贏和輸的比例各是多少？對於這些疑問，除非是長年浸淫該領域的律師，否則也沒有可能得到太實際的數字。

這些問題不一定出在法律本身，卻往往是大家不相信法律的真正原因。

於是我和同事們想著，如果能提供大家一些法律的基礎常識，或許民眾自己也可以嘗試解決或處理生活上一些單純的法律爭議；如果有個好用的程式，或許民眾自己也可以檢索古往今來的所有判決的客觀結果，來思考自己下一步該採取什麼行動。

我想如果可以，我們會一直做下去，釐清自己的想法，分享自己的觀點，給出客觀的結果及資訊，和有著各式不同觀點的大家討論。

另外，如果也能有一點點讓大家覺得，法律，不全是打架比立法熟練的立委們的利益交換，或是恐龍法官們的恣意妄為，其實有很大一部分，是大家都可以理解的，是可以預測方向的，是「我們一群學法律的人」和「遇到爭執後，選擇勇敢爭取的當事人」真真正正思考過，並且努力爭取過的產物。

然後當有一天，你們覺得法律偏離你們心中的正義價值時，能勇敢地站出來，辯論、爭取或抗爭，我們會覺得很值得。

# 目錄

## 第一章　網路



## 第二章　交通

## 第三章　租屋



## 第四章　婚姻

## 第五章　遺產



## 第六章　性

# 第一章

# 網路

現代人的生活離不開網路，一天沒水，一天沒電，好像都沒有一個小時少了 Wi-Fi 來得恐怖。自然而然，網路上的法律糾紛也就成為台灣訴訟的大宗。統計過去五年，民事案件約有百分之三・三（五十萬二百八十三件裡，有一萬六千六百九十二件），刑事案件更有百分之六（一百零二萬六千六百六十一件裡，有六萬零三件）與網路有關。

當網路和網路上的行為與我們息息相關的同時，我們就得小心注意，哪些行為在一般生活中和在網路上做有什麼不同。比如說：其實在網路上罵人，處罰比平常在路上罵人還重；網路買賣有些時候可以無條件退貨，而實體買賣不行。也要注意那些我們每天在做的事，會不會其實有可能違反法律，比如說：轉貼長輩圖、文章或電影連結給別人，或者下載電影、音樂供自己獨享。

或許有一天，我們的生活會像電影《一級玩家》一樣，網路上的生活和社交圈比實際的生活還重要，占生命中更大的部分。但是，人類的活動、人與人間的交集，從古至今其實大同小異，只是被移植到不同的環境裡、不同的平台上，發生了相同的事。

法律是一條線，我們只要學會畫線的邏輯，常常思考、接觸，有了所謂的「法感」，一法通，萬法通，相信即便環境、平台有所變動，聰明的大家還是能知道哪些事能做，哪些事則可能會害你蹲苦牢。

# 網路上罵人，也會被告妨害名譽？

事務所裡有一位助理，幾乎天天都比我還要晚離開辦公室，不知道的人還以為我多壓榨他——結果他留下來，只是為了用辦公室的光纖網路打線上遊戲LoL（英雄聯盟），理由是網路順，他的實力才發揮得出來。我聽了只是笑笑。

有沒有實力，我是不清楚，倒是有時候看他被敵方殺得哇哇叫，還滿紓壓的。

「又輸了？」我問，雖然看他一臉氣憤，答案應該很明顯。

「隊友不給力啊，還說我是『他媽的死廢物』、『玩輔助不出眼石，只想當撿頭狗』。」

「哈哈哈！遊戲而已欸，有必要口出惡言嗎？**這可能構成公然侮辱的。**」

**「可是我在遊戲裡用的帳號是暱稱欸。告得成嗎？」**

**「當然可以。」**

## 雷律師釋疑

# 罵網路的虛擬角色，也會構成「妨害名譽」

**在網路世界裡，縱使謾罵的對象是他人創設的虛擬角色、帳號或暱稱，仍然會成立「妨害名譽」的相關罪責。**過去五年來的妨害名譽刑事案件，就有大約百分之二十三是在網路上發生的（八千五百四十九件裡，有一千九百三十八件）。

現代人以暱稱、別名或帳號，在網路上從事各項活動，可能不知道彼此在現實世界的姓名、相貌、性別、出生年月日、職業、嗜好等，這些足以確認真實身分的資訊。然而，現實世界的人們透過網路，使用暱稱、別名或帳號等化身進入虛擬社群，以此名義展現自己，並與其他人的網路化身進行競爭、合作等互動交往，而逐漸在社群成員間建立起人際網絡，構築屬於該化身在社群裡的人際關係、聲譽評價；個人在現實世界中，也是在不同場域裡扮演角色、展現自己，以各種形貌與不同場域的成員建立連結、產生評價——**兩者是一樣的**。

所以，無論是個人在現實世界或虛擬社群所展現的人格形貌，法律上都該給予相同的保護。在遊戲中對於他人角色的無禮謾罵，已逾越營造遊戲情境或經營角色性格所必須，足以貶低玩家間對於受謾罵者的評價，自應負擔公然侮辱罪責（參見「台灣高等法院一〇五年度上易字第一二〇一號刑事判決」）。

## 網路罵人，小心罪加一等的「加重誹謗罪」

依照《刑法》第三一〇條規定，比起一般以口述的方式到處說人壞話，使人名譽受損而成立的「誹謗罪」，**若是改以散布文字、圖畫等有形的方式傳述，而使他人名譽受損，更會成立「加重誹謗罪」，可處兩年以下有期徒刑、拘役或一千元以下罰金。**

而現今網路上的交流，絕大部分是透過文字、圖像、影音的方式，相互傳遞訊息或分享資源，好比在自己或他人的臉書留言、參與網路論壇或討論區的議題、轉發分享時事照片或生活動態，一旦內容有涉及毀損他人名譽的情況，往往皆以「加重誹謗罪」論處。從過往判決中，如果拿所有「妨害名譽」的刑事案件來看，判刑兩個月以上的，占所有處刑案件的百分之十六；但是，**涉及網路的案件，判處兩個月以上有期徒刑的占了百分之二十六。**

網路的世界，凡走過必留下痕跡，截圖蒐證非常簡便又容易。因此，奉勸大家在網路上更要謹言慎行，不要到了被罰的時候，才真的體會到什麼叫做「一字千金」。

## 言論自由，應以「不侵害他人的權利」為前提

有人讀了上一段會質疑：「那我的言論自由咧？所以我在網路上就啥都不能說？」

《憲法》第十一條明文保障言論自由，國家本應給予最大限度之維護，使個人於實現自我、溝通意見、追求真理及監督各種政治或社會活動之功能得以發揮。但為了兼顧對個人名譽、隱私及公共利益之保護，法律仍得對言論自由依其傳播方式為合理之限制（參見「司法院釋字第五〇九號解釋」）。

因此，無論是在現實生活或網路世界中，對於他人事務的評論，要把握下列幾項原則，確保自己不會誤觸妨害名譽的相關罪責：

**罰金與罰鍰：**「罰金」是因為犯罪行為（例如竊盜）被認定有罪時，法院依法判處刑罰的一種；「罰鍰」則是行政機關對違反行政法上的義務（例如闖紅燈、超速等）的人，下的行政處分。兩者雖然都是罰錢，但意義上並不相同。

一、就事論事，避免使用個人情緒性、侮辱性的攻擊字眼。
二、確定發表內容的真實性，不可道聽塗說。
三、有關個人私生活領域的問題，比如說外遇，切勿公開地談論或傳述，就算事實如此也不行。
四、例外情形：對於某些必須接受公眾檢視的事務，如果針對其發表了個人的意見或主張，儘管話說得難聽了一點，仍然受到言論自由的保障，舉例來說：

**（一）針對政治人物施政的評論：**

舉個案例，某位作家在某個立委的臉書粉專留言「政治核廢料」、「如果你是垃圾，也是全世界最禿的垃圾」等詞。然而法官認為，這些難聽的話都是針對該立委在其臉書粉絲專頁的留言內容（將鄭捷台北捷運殺人事件與太陽花學運連結）所為之「意見評論」，並非形容立委個人，或單純未為評論的恣意辱罵，應屬對於可受公評的事項為適當評論，合乎合理評論的原則，故不成立「公然侮辱罪」（參見「台灣高等法院一〇四年度上易字第一五四六號刑事判決」）。

**（二）針對商家的服務品質：**

再看這個例子，某人與機車行發生消費糾紛，便將消費經過貼上臉書，並且評論這家店為「這輩子千萬別去的黑店」、「奸商」、「劣質廠商」。法官認為網站發表上述文字，其內容主要在敘述消費糾紛所實際經歷的事實經過，並無蓄意捏造、杜撰的言論，又因貼文者認為車行未依一般正常程序提供修車服務，而稱該車行為「這輩子千萬別去的黑店」、「奸商」、「劣質廠商」，屬於依所經歷的事實所為之評論，且所刊載內容與消費者權益的公共利益有關，為可受公評之事，故不成立「誹謗罪」（參見「台灣高等法院一〇五年度上易字第一三九九號刑事判決」）。

## 大家來思考

整體而言，在網路上公開針對他人說三道四或傳述他人不光采的事，風險仍是相當高的。網路上「妨害名譽」的刑事案件起訴後，有罪的比例達百分之七十九，尤其是在個人的臉書上，很多人習慣當成個人日記在寫，而忽略了臉書仍屬於一個公開的網路平台，在貼文沒有設定隱私加密的情況下，大肆抱怨或細數某人的惡形惡狀並給予負面評價，一不小心就會誤觸法網，不可不慎。

# 說別人是「馬英九」、「陳水扁」，構成公然侮辱？

我們時常看到新聞報導誰又罵了誰「三字經」、「問候父母」，被提告公然侮辱或誹謗罪。

但俗話說：「罵人不帶髒字，才是真高手。」比起罵髒話，我們更常看到用「比喻」的方式來罵人，例如「你根本就是個馬英九！」「你和陳水扁有什麼兩樣！」用這種方式來間接辱罵對方的外貌或是人格。

**如果有人拿一個惡名昭彰或是你討厭的人來比喻你，這種「類比型」的侮辱方式，你能告對方「妨害名譽」嗎？**

## 雷律師釋疑

### 妨害名譽罪，有「公然侮辱」與「誹謗罪」的差別

想知道這個問題，我們得先了解什麼是「妨害名譽罪」。

妨害名譽罪，有《刑法》第三〇九條的「公然侮辱罪」，以及《刑法》第三一〇條的「誹謗罪」。同樣是妨害名譽的罪名，這兩條罪有一點不一樣，法院是這樣子分的：

● **公然侮辱**

**【定義】**指不具評論性質的謾罵、侮辱。

**【例子】**發生行車糾紛，駕駛搖下車窗就破口大罵：「幹！」或：「你這個畜生！」

● **誹謗**

**【定義】**具有評論性質的言語攻擊，也就是說要跟具體事實有關。

**【例子】**路上有行車糾紛，駕駛不是開窗破口大罵，而是拍照存下對方的車牌號碼，回家配圖發文寫著：「這個人左搖右擺，變換車道不打燈，就是有這種八七拉基不會開還要開才會死一堆人。」

簡單來說，**直接拿一個東西、物品、動物或形容詞來罵人，是涉嫌「公然侮辱」**；**以具體事件來罵人，是涉嫌「誹謗」**。

例如：衝著別人使用國罵（三字經、五字經），或是把別人形容成動物，包含狗、豬、王八……就構成「公然侮辱」。

雖然狗、豬、烏龜都很可愛，但依照法院的見解，對別人抽象地謾罵侮辱、表示輕蔑之意，減損他人的人格或社會地位，就構成侮辱。通常會對外人使用狗、豬或烏龜的字眼，台灣文化會直覺想到是貶低人，那就是侮辱，因此，你用來形容人的動物可不可愛不是重點，重點在於字詞背後的意義。

厲害一點的人罵人不帶髒字，俗稱**「影射」**，**雖然不像罵髒話一樣直接，但也會成立「公然侮辱」**。例如：「生雞卵無，放雞屎有」這句閩南諺語，是用來辱罵他人懶惰、無所事事的意思，法院認為罵這種話是貶低他人懶散的侮辱，因此某人講了這句話，就被判決有罪。

又比如：有人曾罵：「連我家的狗都比你知道忠心、忠誠。」雖然並非直接罵對方是狗，但這種拐個彎罵人「比狗還不如」，法官也聽得出來，該案的當事人也被判決有罪。

## 類比型的侮辱，不構成公然侮辱

講到這裡，也許你會說：「狗不行，豬不行，那我用人來罵人總可以了吧？」

如果你跟我一樣是鄉民，一定常常在八卦版看過文章或推文在講：「你這個馬英九！」「你這個陳水扁！」對熱衷於政治的人來說，被這樣形容的心情一定很差——怎麼可以把我跟涉嫌洩密的前總統比？怎麼可以把我跟涉嫌貪瀆的前總統比？

但再怎麼討厭，這種罵法終究跟罵人是狗、是豬不一樣。也許大家都知道「豬」不好，但「馬英九」、「陳水扁」就見仁見智了，有人討厭，也有人支持呀！說不定有人被說是馬英九，還覺得是在誇獎自己外表英俊呢！

這種類比型的罵人方式，到底算不算「公然侮辱」？法院有一個類似的案例，或許能作為參考。

記得「許純美」嗎？在民國九十四年左右，許純美因為講話方式與身家背景，成為當時的媒體寵兒。在各大節目穿梭時，她相當驕傲自己的外貌，但不是每個觀眾都埋單，反而有人時常將她與「醜」相提並論。

九十九年，彰化就出現過一個案例，被告罵對方是「彰化許純美」，對方覺得不堪受辱，憤而提告「公然侮辱罪」（參見「彰化地院九十九年簡上字第一八七號判決」）。

許多人聽過別人用「許純美」來嘲笑人，這在不少人心中都是個默認的事實，就是「不好聽」。但是，彰化這個案件的法官在判決中表示，許純美是一個行為舉止與言談方式具有特殊性的公眾人物，雖然有人不喜歡，但也有人欣賞，並沒有一個一致的評價，並不能說「許純美」三個字代表特定的褒貶之意，不算是罵人的話。因此，說別人是許純美，不構成公然侮辱。

以這種邏輯來思考，用「馬英九」、「陳水扁」雖然都是出於一種惡意，可是這些人以及他們的名字，都各有支持者與討厭者，既然褒貶參半，從法院的觀點來看就不會是罵人的詞，而只是一種「中性」的詞。

這種「類比型」的侮辱，是不會構成公然侮辱罪的。

## 大家來思考

寫到這裡，不禁覺得收到這種案件的檢察官或法官很辛苦。從一般人的角度來看，是不是在罵人，其實很明顯。「你跟×××有什麼兩樣！」絕對不會是在誇獎人。但如果檢察官起訴、法官判有罪，不就代表這個×××是法院認證的髒話了嗎？這種黑鍋，誰會去背。

# 下載教學分享版影片，大大侵權？

你還在配著飲料與爆米花，下載網路上的電影，躺在懶人椅上，享受帥、美的明星嗎？

你還在街口躍步，耳裡聽著昨天從網路上下載的最新音樂專輯嗎？

看完這一篇文章，你可能會討厭我，討厭我剝奪了你的私人歡樂時光，因為我將告訴你：

**這些看似平凡無奇的享受，其實都是違法的。**

## 雷律師釋疑

### 下載和上傳影片、音樂，是侵害「著作權」的

**每一項著作，都在著作權人完成作品的時候，就有「著作權」，不需要像專利權一樣額外去向政府申請。**你在台北市立美術館內看到的莫內畫作、皮克斯電影角色，逛街時，服飾店內播放的最新單曲等，在完成時就有著作權。這個概念放到電腦檔案與程式也是一樣的，檔案創作者、程式設計者在完成時，就享有著作權了。

所有利用著作的行為，原則上都是著作權人「專屬」的。

#### 下載

從網路上「下載」檔案，在法律上是屬於著作權的「重製」行為。「重製」，就是把著作再重現（複製）的行為。而「下載」是從網路上複製一份檔案到你的電腦，屬於重製的概念。

依《著作權法》第二十二條，重製是專屬於著作權人的權利。一旦你下載了具有著作權的檔案，就可能構成對著作權的侵害。

## ●上傳

「上傳」也是一樣的道理。你把檔案複製一份到網路上，當然也是重製。

而且，**上傳同時涉及「公開傳輸」行為（把著作傳達給公眾的行為），比單純下載更複雜**。依《著作權法》第二十六條之一，公開傳輸也是專屬於著作權人的權利。

所以，你在「伊×討論區」、「楓×網」、「××論壇」上的各種帖，下載任何人的最新專輯，或者是下載最新院線片、最紅影集，都是侵犯著作權的行為。

同樣的道理，就算你花錢買了專輯、電影光碟，覺得「哇！這真是太好聽了／太好看了」，不讓這個世界的其他人體會這種藝術是對不起自己，而擅自把光碟燒錄進電腦，轉成電子檔，又放到網路上供大家下載享用，也是一樣侵害著作權。

也許你會說：「可是，我有花錢買啊！買了之後，不就是我的嗎？」這樣說好像沒錯，不過你花錢買，是讓「你自己」與著作權人之間成立契約，允許你支付費用後享用他的著作，並不代表授權你可以隨意重製他的著作。**「重製權」依舊是著作權人的專屬權利。**

## 「假的線上看」對著作權的侵害，比直接下載看更大

講到電影、影集，現在的人也都知道，下載來看已經過時啦！誰還在占用自己的硬碟好幾百G，來存放一堆看過一遍就不看的電影呢？

時下的流行是「線上看」。《復仇者聯盟》、《雷神索爾》線上看，別告訴我不在你的搜尋紀錄裡；《冰與火之歌》、《陰屍路》線上看，你大概也曾收在「我的最愛」裡。還有過去的「土豆」、「優酷」，和最近被抄過家又重新再起的「××酷播網」……

沒關係，我都知道。我也曾經當過窮苦學生，沒錢去電影院看喜歡的電影，只能宅在宿舍裡，看線上版的電影配五十嵐。

在自己家裡看這些「線上看」的電影，似乎就沒有下載、上傳的問題了，不構成著作權侵害，可以放心了……**是嗎？**我幫你打了一個大問號。

## ●把檔案下載到電腦裡才播放，就是侵害著作權

如果真的只是一般的線上播放器（像是Windows Media Player），那倒沒什麼問題。問題在網路上有很多所謂的「線上看」，都是假的。

乍看之下，你只要點擊網站就可以就開始觀看影片，不過，通常接著都會要你另外下載程式來配合影片的播放，這些程式你大概比我更熟：「迅雷」、「電驢」、「西瓜」等。有些播放器內建下載軟體，**名為線上看，實際上還是把檔案下載到你的電腦裡才播放，你一樣構成侵害著作權。**

## ●使用「p2p」軟體下載，也侵害著作權

這還不是最糟的。最糟的是，這類播放器使用的是「p2p」（peer to peer）的下載軟體。什麼是「p2p」的下載軟體？簡單來說，**它是讓每一個用戶能夠彼此分享檔案的一種軟體。**

傳統上，我們從網站下載軟體，是一種從商店買東西的概念：商店（網站）是供給者，消費者（下載者）是購買者。傳統的下載是單向的傳輸概念。

但如果你使用的是 p2p 軟體，那就不是單純地下載這麼簡單了。每當你利用 p2p 軟體進行下載，也同時提供了一個檔案來源給其他用戶，等於上傳檔案供其他人下載。

打一個比喻：你有玩過團康遊戲「支援前線」嗎？在這個遊戲裡，由隊長根據題目向所有隊員徵求一種物品，最快獲得指定數量的隊伍獲勝。而在 p2p 的世界裡，每一個下載者都是隊長，你可以跟其他下載者要檔案，隊員愈多，你要檔案的速度愈快；但，你同時也是隊員，只要有人想下載某個檔案，而你的電腦裡有這份檔案，你就會成為上傳者，提供檔案給其他的下載者。

過去你或許有耳聞「Foxy」、「ezPeer」、「BitTorrent」等，這些都是紅極一時的 p2p 下載軟體，但因為涉及侵害著作權，統統被檢察機關抓出來，而後消失無蹤了。

聰明如你，一定也發現了問題：**利用這類內建 p2p 軟體的播放程式進行線上看，不僅構成「重製」的著作權侵害（下載），還同時構成「公開傳輸」的著作權侵害（上傳）。**

## 賠錢，就一定可以了事嗎？

你可能以為被抓到下載、上傳而侵害著作權，頂多是被著作權人告，賠錢就可以了事，這可是誤會大了。**在台灣，侵害著作權是涉及「刑責」，會被抓去關的！**

依照《著作權法》第九十一條與第九十二條，無論是擅自重製或公開傳輸而侵害著作權，最高可處三年以下有期徒刑、七十五萬元以下的罰金。

## ●違反「著作權」，大部分走刑事訴訟

觀察目前的實務現象，著作權人往往會選擇提起刑事告訴，請求民事損害賠償的，卻相對地少。實際搜尋判例，可以找到將近兩萬兩千件違反著作權的「刑事」判決。但是，關於著作權的「民事」損害賠償判決只有約一千五百件，大約是刑事判決的百分之七而已。

## ●走刑事程序，比較輕鬆

從這個實務結果可以發現，台灣的著作權人其實偏向提起刑事訴訟，而非民事來追訴侵害行為。這是因為走刑事程序，只要到地檢署提起告訴即可，不需要自己請律師，不需要自己跑法院，也不需要自己花錢來遏止各種侵害行為。著作權人也許只需要請個法務蒐集證據即可，那何樂而不為。

## ●用「可能會坐牢」來嚇你

比起賠錢，大家還是比較怕坐牢，因此在台灣，著作權人也習慣「以刑逼民」。他會寄存證信函給你，告訴你：「台端已經侵害本人所有之著作權……」他願意與你和解（逼你和解）；如果你不願和解，他就會去提起告訴，你等著在家收傳票。

在「賠錢」跟「坐牢」兩相衡量之下，大多數的人還是想在外面吃便當，而不是進去裡面吃牢飯。

## ●打民事訴訟不划算

另一個理由，在於打民事訴訟不划算。

不少學者研究台灣的著作權歷來判決，發現一個現象：法官對於著作權的損害賠償，往往都持相當保守的態度，不會像新年大發紅包一樣隨便給予高額的賠償判決。

對於著作權人來講，花了大筆的訴訟費、律師費，再加上歷時許久的裁判時間，最後卻只拿到蠅頭小利，超級不划算，說不定還不夠支付請律師的錢，等於是倒貼。

而且告贏了一件，也只是一件勝訴，網路上還有上萬使用者在持續地侵害他的著作權。更何況這件判決的賠償金額又不高，根本沒辦法填補他被侵害的損失或遏止著作權侵害。

這種賠本生意，誰會想做呢？

從律師的角度來說，台灣關於著作權的判決實務見解對民事案件的被告是福音，因為賠償額較低。不過，同時也要面臨刑事追訴的風險，兩相權衡，其實也不見得一定對哪一方有利。

## ●躲在電腦螢幕前，還是會被追查到

別說我在恐嚇你。你是不是在想：「著作權人怎麼可能找得到我？」「倒楣的一定不是我！」

來，請你上網搜尋關鍵字：「**著作權侵害**」、「**下載**」，可以看看總共有多少則相關新聞，多少被告支付和解金，多少人被警察叫去喝咖啡。

舉一個發生在民國九十年的大新聞為例，你可能印象更深刻：「成大ＭＰ３事件」。當時，台南地檢署接獲檢舉，逕行前往國立成功大學的宿舍進行搜索，發現有十幾名學生正在非法下載音樂，更有架設網站供人下載的行為。

這個案例告訴我們，不要以為下載只是躲在電腦螢幕前，不會有人發現。網路看似無遠弗屆，但是要調查蹤跡，反而比現實生活中更容易。

## 大家來思考

網路的便利性促使各式著作得以廣為流傳，大家在YouTube就能輕鬆地點擊收看最新MV或各種新知，或是隨意搜尋「免費軟體、檔案」，進行下載。不過，這些看似免費的東西，其實都是著作權人的心血結晶，卻被人不當利用了。

「如果有一疊鈔票就放在面前，而你明知不是你的，那你會不會把它帶回家呢？」這個問題的答案，其實跟在網路下載具有著作權的檔案是一樣的。不要因為免費而蒙蔽了自己的雙眼，不要因為便利而輕易鴕鳥心態。在你下次點擊「下載」以前，試著設身處地想想：如果你是著作權人，你會希望別人如何使用你的著作、檔案？

# 只是轉貼個長輩圖，也侵犯著作權？

一早起床，發現LINE有將近十則未讀訊息。起初看到時緊張得不得了，以為都是工作上與當事人案件有關的聯繫訊息，點進去後才發現，大約有七、八成是以下的訊息內容：

「早安！您好！祝您身心愉快，好運連連！」

「平安，是最大的福報。」

「金山、銀山，健康才是您的靠山。」

一張張搭配盛開蓮花的長輩圖，上面寫著祝福與勵志文字，正能量太滿點，在一早起床厭世值偏高的時候看到，令我哭笑不得。但是無論如何，這些都是長輩們真誠分享的祝福及喜悅，我只好出動可愛娃娃豎超大拇指，上面還搭配個超大「讚」字的貼圖回覆，表示收到。

除了長輩圖，還有數不清的文章轉貼、影片連結：

「不用進電影院，點進連結××××電影高清版免費線上看！」

「再忙，您都一定要看看這篇文章！寫得太好了！……」

我還聽說過許多人利用社群軟體創社團，在社團中分享各式影片，從一般電影到成人影片似乎都有。

隨著智慧型手機和社群軟體愈來愈普及，分享資訊也變得更方便了。**這種轉貼資訊的行為會違法嗎？**

**是有可能的，而且還不少**，我就處理過幾個這樣的案件。

## 雷律師釋疑

### 分享別人創作的文章、圖片或影片檔案，可能會侵害他人的「著作權」

一個簡單按下「轉傳」、「分享」的行為，可能已經侵害了著作權人的「重製權」與「公開傳輸權」。

● **重製**

**【定義】**簡單來說，就是讓著作重新再現一次。

**【例子】**在電腦裡複製、貼上的操作，就是最好的例子。

● **公開傳輸**

**【定義】**透過網路或其他方式，把著作傳達給公眾。

**【例子】**當你在臉書發布一個公開的動態時，你就已經行使了貼文著作的「公開傳輸權」。

「著作權」基本上是專屬於著作權人所有的。**想用人家的東西，總得經過主人同意，所以當你沒有經過創作者的同意，就利用網路分享了他的文章、圖片或影片，形同是偷偷行使專屬於著作權人的權利，已經侵害了著作權人的「重製權」與「公開傳輸權」。**

依照《著作權法》第八十四條、第八十八條，著作權人可以向你主張民事責任；你更要依第九十一條、第九十二條負起刑事責任，可能有三年以下有期徒刑或七十五萬元以下的罰金。

為了一個簡單行為所付出的代價，很不值得。

## 轉貼給「誰」，效果不同

不過，法律也不是那麼不近人情。並非所有分享出去的行為都是侵害創作人的著作權，因為法律為了調和大眾的公共利益、促進文化發展，給了我們「合理使用」他人著作的空間：**在符合合理使用的條件下，即使沒有經過著作權人同意就行使他的著作權，是不會被法律追究侵權責任的。**

如果你沒有營利目的，轉傳的對象也只限於家人或正常社交範圍的群組，可能都算是合理使用，不會被追究侵權責任。

但如果是轉傳到路人甲、乙、丙、丁……這些**不特定多數公眾都能隨時加入的群組裡，可能就無法構成合理使用。**

## 轉貼的是影片網址連結，會構成侵害他人的「著作權」嗎？

關於這一點，有很多細節要討論。

### ●只有轉傳網站連結時

有一種狀況很常見：轉傳的不是文字、圖片或影片檔案，而是影片的網站連結，也就是說，收到訊息的人還需要額外點進網頁連結才能看到影片，像是轉傳 YouTube

連結和別人分享好聽的新歌、電影預告、搞笑影片……這些行為，在你我的生活中是再普遍不過的日常。

不過，這種情形就和一般轉傳圖片、文字的狀況不同了，因為轉傳的是網址，那麼朋友要點進網址才能看到影片內容，所以這樣的轉傳行為並不會讓著作直接重現，也沒有直接透過網路傳達著作內容本身給公眾，不會侵害到著作權人的「重製權」與「公開傳輸權」。

## ●雖然只有轉傳網站連結，但明知來源不合法時

如果明知道網站裡的影片是盜版或未經合法授權的（例如：各種影劇線上看的網路平台），而且上傳該盜版影片的行為人是台灣人，會受到我們的《刑法》規範。在網路上轉傳盜版影片網址連結的行為，雖然因為只有轉貼網址而沒有違反著作權，但是，**「轉貼」卻可能會讓你變成「上傳盜版影片而侵害公開傳輸權者」的共犯或幫助犯，一樣需要負共同侵權責任。**

我處理過一個案件，被告將中國某優×影音平台的影片連結轉貼在自己的部落格上，因而被影片的著作權人告。不過，因為上傳影片者十分有可能為中國人，並不受

台灣的《刑法》約束，因此，那位上傳影片者「侵害公開傳輸權」的罪行在台灣無法成立。既然正犯不成立，要告這件案子的被告是共犯或幫助犯，當然也不會成立。

但是在轉貼網址前，還是要注意影片是不是合法的，才不會讓自己陷入麻煩。

## 單純接收、觀賞他人轉貼的內容，不會侵害「著作權」

那麼，看的人會不會有事？

關於這點，你可以放一百個心，單純地接收、觀賞別人轉傳的文章、圖片或影片內容，不會行使到著作權人的權利，也就是不會有事。

不過，**當你覺得別人轉傳的內容實在是太棒了，想要儲存起來或再轉傳給別人——小心！這樣的行為可能又會侵害著作權人的「重製權」與「公開傳輸權」。**

## 大家來思考

智慧型手機和社群軟體愈來愈發達，讓資訊傳遞變得更方便。能用這樣的方式讓更多人知道新知識或好內容是好事，然而，《著作權法》是保護著作權人的創作心血，同時也以「合理使用」的制度平衡大眾利益。

當你按下分享或轉傳的按鈕前，如果能先想想自己的行為是否會侵害到創作人的權益，就能讓自己遠離民事、刑事責任，也能幫助創作者有更健康的創作環境。

# 網購到底能不能取消訂單？

窮忙的年代，上班族不想領死薪水，為自己開創事業第二春最常見的做法就是經營網拍。另一方面，人們愈來愈懶得出門購物，因此像「奇摩拍賣」、「蝦皮」、「淘寶」、「eBay」等購物網站，銷售額年年創新高。

商業活動在哪裡，糾紛也就在哪裡。商家與消費者往來的地點，逐漸從店面移轉到網路，於是產生了許多網路交易的爭議。也因此，律師常常要回答網友的這類疑問。

很多人說律師「見人說人話，見鬼說鬼話」，其實是因為身為律師，不一定被哪一邊委任，原告、被告，買方、賣方，都可能是客戶，所以兩邊的角度，我們都要有所認識。

## 雷律師釋疑

### 網購買家：「我能不能退錢或退貨？」

《消費者保護法》指的「消費者」是：以消費為目的而為交易、使用商品或接受服務的人。當網路購物發生糾紛時，消費者的主張總會回到一件事：「可不可以退錢或是退貨？」

例如邱小姐這封信的內容。

雷律師，您好：

我因為舉辦活動需要，在網路上跟某蛋糕坊訂購了一批蛋糕，但因為活動臨時取消，所以我就向蛋糕坊取消了訂單，可是蛋糕坊不接受，若是我不履行契約取貨付款，對方就要提告了。請問我這樣難道不能解除契約嗎？

## ●可以退錢／退貨的情況

《消費者保護法》第十九條第一項的規定是：「通訊交易或訪問交易之消費者，得於收受商品或接受服務後七日內，以退回商品或書面通知方式解除契約，無須說明理由及負擔任何費用或對價。」

網路買賣被認為是一種「通訊交易」。簡單來說，在通訊交易中，因為消費者看不到物件做實際檢查，所以**原則上，消費者在網購拿到東西後的七天內是可以解約的，而且不用說明理由及負擔費用。**

**對價：**指的是相對應的給付，比如說我給你錢，你給我東西。東西的對價就是錢，錢的對價就是東西。

## ●但是，也有例外狀況

那麼，邱小姐可以不要訂蛋糕，要賣家退款囉？

其實也還很難說，因為《消費者保護法》第十九條第二項這麼規定：「但通訊交易有合理例外情事者，不在此限。」這是指如果在某些情況下，讓買家任意取消訂單並要求退費很不合理時，**法律設有例外規定**。

《通訊交易解除權合理例外情事適用準則》第二條，即有特別規定：「某些特殊商品或是服務，在賣家有告知不能解除契約或退貨的情況下，是不能解約的。」像蛋糕這種易腐敗的產品，有很高的機率不能解除契約或是退貨。

## 網購賣家：「法律對我有什麼保障？」

在台灣，《消費者保護法》對消費者的保障滿完整的。另外，在消費過程中若有任何爭議，消費者可以向消基會投訴。反觀賣家，即便覺得是消費者無理取鬧而不予回應，反而可能會被標示成對消費者不友善的廠商，使苦心經營的形象毀於一旦。所以比起買方，其實我更常收到賣方的抱怨。

在《消費者保護法》裡，將賣家分成兩種：「企業經營者」與「偶一為之的賣家」。

### ●企業經營者

《消費者保護法》中的「企業經營者」是：以設計、生產、製造、輸入、經銷商品或提供服務**為營業**的人。落落長的定義，最常出現爭議的是在「**為營業**」這三個字。

到底怎麼樣才算是「為營業」？

其實《消費者保護法》對企業經營者的認定是寬的，只要賣家**很頻繁或長期**在網路上銷售一些商品或者服務，即便這不是賣家的正職或本業，也會被認為是企業經營者。

舉例來說，我有個朋友本業是律師，但每個月都會出國一趟，每次都會帶些異國商品回來，上網販售，這樣就會被認定為「企業經營者」。

## ●偶一為之的賣家

可是，若賣家只是偶爾將不需要的東西在網路上兜售，例如：有些人會在整理房間的時候，將不需要的東西便宜賣掉，就不會被認定為企業經營者，而只是「偶一為之的賣家」。

## ●「企業經營者」或「偶一為之的賣家」，適用法律不同

請問雷律師：

我姓郭。上個月，我從日本帶了一台除塵蟎機回台灣，後來沒有使用，決定要

上網賣掉。有個許先生說要買，我寄送到對方指示的便利商店，卻因沒有人取貨而被退回，害我損失運費，最後對方卻說不買了。這該如何是好？

這樣的爭議，會因為郭先生是被認定為「企業經營者」，還是「偶一為之的賣家」，而有完全不同的結果。

如果郭先生是很頻繁代購的賣家，時常在網路銷售代購商品，就會被認定為「企業經營者」，此時就會適用《消費者保護法》，買家享有解除契約或是退貨的權利，而且不需要負擔任何費用。

但是，若郭先生只是偶爾在網路上販售自己不需要的電器產品，而屬於「偶一為之的賣家」，那買家與賣家間的糾紛就不會適用《消費者保護法》，而要適用一般《民法》的規定。在《民法》的規定中，買家與賣家間的買賣契約既然已經成立了，就不能隨意地解除契約，可能會有違約的損害賠償。

## ●可以告惡質買家「詐欺」嗎？

遇到惡質買家，企業經營者莫可奈何，偶一為之的賣家要為了些微賠償而打民事訴訟，也非常不划算。

賣家心中難免浮現這個疑問：

**「像這樣的惡質買家，難道沒有構成詐欺罪嗎？」**

**很遺憾，答案是「沒有構成詐欺罪」。**

《刑法》中的「詐欺罪」，必須要行為人明明知道自己在法律上沒有權利，但心裡仍然想占為己有，對被害人施用詐術，令被害人陷於錯誤並交付財物。

但是在這樣的網路購物糾紛中，對方往往只是沒有取貨，而不是把商品騙到手後不付錢，所以不會構成詐欺罪。

不過，在情節嚴重的情況下，還是可能有處理的辦法，那就是《刑法》第三百三十五條的「詐術損害財產罪」。曾經有一個判決，判決中的被告也是賣家同業，從頭到尾根本就沒有想買東西，目的是在讓告訴人損失運費，無意取貨而多次虛假下單，最後被判處有期徒刑兩個月（參見「台灣士林地方法院刑事簡易判決一〇五年審簡字第一一一五號判決」）。

## 大家來思考

不可否認地，當交易是發生在大公司與消費者之間時，選擇讓大公司吸收費用還算情有可原。但是，法律在選擇保障消費者權益的同時，對「企業經營者」做廣義的解釋，讓許多創業者在網路經營中，賠上了許多不必要的支出，最後面臨是否能繼續經營的抉擇，也令許多想透過網路行銷的創業者為之卻步，這樣的規範是否妥適，令人省思。

# 知名品牌賣我淘寶貨，算詐欺嗎？

某天吃晚餐時，拿起手機逛了一下PTT的網購版，赫然發現某一篇「知名品牌賣淘寶貨」成為熱門推文。

原來事情是這樣的：某個消費者在臉書上看到網路知名品牌販售衣服的廣告，點進廣告，看到照片顯示衣服的質感、設計都還不錯，她就下單購買了。沒想到貨物寄來以後，跟照片相差十萬八千里。她上網蒐集資料，看到大陸的「淘寶網」上有一模一樣的廣告圖片、商品，才發現這家知名品牌根本就是買了廉價、粗糙的淘寶貨，重新包裝後販售。

「這根本就是詐欺！」「不肖商家，吉死他！」底下的推文罵聲一片，有些受到類似案例詐騙的消費者更組成自救會、糾察隊，在網路上打擊這種惡質商家。

可是，不肖的商業行為有許多種，卻不見得「違法」。

**知名品牌賣淘寶貨，構成詐欺嗎？**

**上了當的消費者，可以因為送到的商品不符廣告形容或預想的質感，而告商家嗎？**

## 雷律師釋疑

### 若只有「低買高賣」，不構成詐欺

商人要賺錢，最入門的方式就是「低買高賣」。

例如：某臉書品牌標榜進了一批全新軍裝外套，宣稱設計新穎、材質耐穿，因此標價近兩萬元，遠高於其他網路商家品牌。沒想到，有眼尖的網友以圖搜圖，發現這個臉書品牌賣的衣服，根本是向淘寶網的商家大量批發的外套，連廣告的商品圖片都一模一樣。在淘寶網上的相同商家，即便單件購買、不算入批發的折扣，頂多也只要五千元。網友們罵聲連連，說這個商家搶錢、詐欺。然而，商人「低買高賣」不構成詐欺。

關於詐欺，民事上可以向業者主張撤銷契約，也就是退貨；刑事上則可以提告「詐欺罪」。但無論是民事或刑事途徑，要成立詐欺的條件都是「傳達不實資訊」、「使人陷於錯誤」，進而付錢購買。

這種低買高賣的情形，**只要沒有傳達「客觀上的不實資訊」來造假**（比如明明是仿冒品，卻標榜是××牌真品），而只有以「主觀評價」的宣傳吸引消費者（比如主張「材質舒適」、「涼感十足」），**即使賣的是品質較差、質感較差的貨品，也不構成詐欺。**

因此，在這個臉書品牌賣淘寶貨的例子中，如果商家沒有標榜「絕非淘寶貨」、「使用真牛皮」、「三宅一生親手設計」這種造假的事實，只說「好看實穿」、「大家都愛用」，儘管品質惡劣也不構成詐欺。

說穿了，「低買高賣」是一種合法的商業手腕，只要過程中沒有涉及假冒，法律就不禁止這種行為。

## 謊稱產品內容，則構成「詐欺」與「廣告不實」

### ●商品資訊不實在，就構成了「詐欺罪」

有一些品牌在銷售商品時，不僅低買高賣，更「謊稱產品內容」。舉例來說：明明是塑膠纖維，卻謊稱是純棉製造；根本是國外工廠製造的，卻謊稱是在地純手工製造——這些就不是單純的商業手段了，而是利用假造的資訊「影響消費者的購買意願」，若還賣了一個顯然不相當的價格（例如工廠衣卻賣手工衣的價格），就有可能構成《刑法》第三三九條的「詐欺罪」。

## ●《民法》的詐欺條件

不過，也不是所有類型的內容不實都構成詐欺。

以民事上的詐欺來說，法院認為**不實的資訊要屬於「重要事實，足以影響當事人的決定」，才會構成詐欺**（參見「最高法院一〇〇年度台上字第八五八號民事判決」）。

拿「衣服」來當例子，衣服的顏色、使用的材料、是手工或機器製造，可能就會是重要事實；反過來說，洗滌方式、下單後的交貨期限，可能就不會是重要事實，即使商家針對這些事情傳遞錯誤的訊息，也不會構成詐欺。

## ●廣告不實，也會違法

有一些商家喜歡標榜「在地製作」、「來自××的手工好品牌」，但明明是從國外批來的工廠貨，這除了有觸犯「詐欺罪」的疑慮，更涉及「廣告不實」。

依照《公平交易法》第二十一條，業者不可以針對與商品相關而足以影響交易決定之事項，製作虛偽不實或引人錯誤的廣告。這些「足以影響交易決定之事項」，包括製造方法、原產地、製造者、製造地、加工者與加工地。

因此，這種濫用消費者「支持在地」、「愛台灣」的心理，還涉嫌廣告不實，屬於違法行為，依照《公平交易法》第四十二條，可以處五萬至兩千五百萬不等的罰鍰，並可限期改善，甚至廣告要停止露出。

## 買到詐欺、廣告不實的品牌，該怎麼自保？

如果你買到的品牌涉嫌詐欺或廣告不實，你可以這樣做：

**一、向商家說：「我要撤銷買賣契約。」**

依照《民法》第九十二條，如果你是受到詐欺而做了法律上的決定，你可以撤銷你原先的決定。因此，你受網路商家詐欺，與他們訂下買賣契約、下了單，可以依照《民法》第九十二條，向商家主張你要撤銷契約。

契約撤銷以後，你可以要求業者退錢；但反過來說，你也必須把收到的貨物還給業者，兩不相欠。

如果商家不理會你的請求，那麼你可以尋求更有力的幫助，例如：先向各地的消保官提出消費爭議，請他們介入調解；假如業者仍不願處理，就需要提起訴訟，逼迫商家出面解決。

## 二、向公平會檢舉廣告不實

廣告不實，屬於行政院「公平交易委員會」的業務範圍，這一部分無法透過訴訟處理，但是，你可以備妥業者廣告不實的事證（例如：不實廣告的「契約」、「網站廣告頁面」，以及不符廣告內容的實際商品），向公平會提出檢舉，請求公平會對廣告不實的惡質商家開罰。

## 三、向警局、地檢署提出告訴

詐欺的網路商家，涉嫌觸犯《刑法》第三三九條「詐欺罪」。

除了走民事途徑向商家撤銷契約，你也可以選擇向警局、地檢署提出詐欺罪的告訴，讓檢警介入調查業者不肖牟利的行為，並且將他們繩之以法。

**大家來思考**

網路世界帶來了便利，但也帶來許多問題。在前一個世代，我可以和賣家面對面，不管是用問的、用刺探的，或是摸摸看、拿拿看，能夠輕易地確認自己買到的貨品是真是假，稍微保護自己不被騙。

可是，在這個世代，網路彷彿是一層屏障，我們根本不知道商品從何而來、長得怎樣。若想要自保，每個人都得像柯南一樣有偵探的實力，多方探查，才能相信：「嗯，我沒有被騙。」說不定，未來不只婚姻出軌與抓姦需要蒐證，連網購都需要徵信社！

# 第二章

# 交通

「車禍」案件，占台灣民事損害賠償請求案件的百分之四十四，遙遙領先第二名「詐欺」的百分之八。

在刑事方面也不遑多讓，由車禍案件而生的刑事糾紛，包括：過失傷害、肇事逃逸、酒駕等等，也超越了「毒品」，成為台灣刑事案件數量的第一名。

因此，若說車禍是人們最可能遇到的法律糾紛，一點也不為過。

但是關於車禍案件，大家卻很少有完整的了解，包括：事故發生時，自己到底該做哪些蒐證；哪些金額、項目是可以求償的；可不可以要「精神慰撫金」等等。結果當事人往往因為欠缺相關的法律知識，未蒐集、保留支出的單據，而影響到委託律師後，真正能求償到的金額。

另外在交通爭議上，除了民事和刑事責任，還有一個很常出現在我們生活中的是：行政機關的裁罰。有些不合理的裁罰，實在令人火冒三丈！雖然因為金額通常不多，大家真的進行訴訟的機會也不多，不過，除了訴訟之外，還是有其他的申訴途徑，也希望在此一併介紹給大家知道——不要讓自己的權利睡著了。

# 出車禍了，處理有什麼SOP？

車禍事件每天都在我們周遭上演，但每個人都認為這種衰事「一定不會發生在自己身上」。

我還記得自己第一次出車禍，是考上駕照後過了一年左右。當時，我也一直自詡是個安全駕駛，絕不超速、絕不闖紅燈，以為只要自己遵守規則，車禍就不會輪到我頭上。

沒想到某天我騎車回家時，突然有位阿姨騎機車從巷口竄出，直直切入車道，就在我的正前方！我害怕撞到她，但減速似乎也沒有用了，我只好把龍頭一扭，結果連人帶車摔倒在路旁，而阿姨根本沒發現自己造成的意外，早騎遠了。當時我只是個法律系的小大一，除了傻在原地以外就不知道要做什麼，摸摸鼻子便起身離開了。

如今有了多年的法律工作經驗，我將車禍的相關注意事項做了歸納，如果能夠在發生車禍之後，多做到以下這些事情，不管是對你自己的安全，或是未來釐清責任與索取賠償，都相當有用。

## 雷律師釋疑

### 不要害怕「報警處理」

有些人覺得，如果不是重大到會影響交通的車禍就不要報警，不想麻煩警察，或是顯得自己難搞。但是，聯絡警方到現場不僅是為了維護交通秩序，對於車禍當事人來說，**重點是「車禍的官方紀錄」**。

● **重要的警方登記聯單**

依照《道路交通事故處理辦法》，警察處理交通事故時，要記錄、勘查與蒐證事故現場，而這些紀錄必須留下書面資料。

警察記錄完後，會給當事人一張登記聯單，聯單上會有一些車禍後的基本指導。車禍當事人在事後也可以帶著登記聯單，前往管轄的警察局，告訴警察，自己是哪一件車禍的當事人，要調取車禍的資料。

## ●便於索賠，申請鑑定

透過警察來記錄這些車禍資料之所以這麼重要，**一方面是可以作為日後索賠的證據之一，另一方面是為了日後能夠「申請鑑定」**。

想要申請各地交通局的「車輛行車事故鑑定委員會」（簡稱「車鑑會」）來替你鑑定肇事責任，必須有警察機關現場處理的資料。如果未經警察處理而沒有資料留存，就會被車鑑會拒絕受理鑑定。

車鑑會的鑑定，在訴訟時會是一項有利的資料。如果之後進入訴訟，那麼，車鑑會認為誰有責任、誰沒責任時，法官大致上也會遵循這個判斷，再進一步判決車禍當事人雙方，誰應該賠給誰，以及賠多少。

### ●簽名之前，務必確認資料正確

比較需要注意的是，車禍剛發生時，當事人通常都腦袋一片空白，恍恍惚惚，有時警察叫你簽什麼，你就簽什麼，事後才發現紀錄有誤。

從法律的角度來看，能夠盡量口徑一致、紀錄一致是最好的，假如發生紀錄前後不一的情況，對於當事人來說，往往會比較不利。所以請記得：**車種、車號、當事人資料、現場紀錄等，在簽名前，務必再確認一次；若有錯誤，一定要在當下就向警察要求更正。**

## 除了官方紀錄，也要自行蒐集證據

警察能夠提供的是官方的紀錄與資料，好處是有公信力，但壞處是官方紀錄會有一定的格式或限制，不見得足夠全面，像是車禍時最重要的「保險理賠」，如果有充足的資訊，更能加速你獲得補償的機會。

因此，車禍當事人不應該只依賴警察的車禍紀錄，也要盡可能地自己進行蒐證。

## ●車禍現場，務必拍照

最基本的工作，就是「現場照片」。

車禍當下的時間為何、天色如何，車禍的地點、車痕或是車子上的損傷，這些都只有身處在現場的人最清楚。

這些資訊不應該只靠腦袋記下來，而是要用可保存的紀錄方式。從解決紛爭的角度來看，**最忌諱「我記得那天是……」「我記得明明是……」的這種方式**，若能夠提出清楚的白紙黑字、照片，指證歷歷，不僅省下確認事實的時間，也可以避免有責任的人想胡謅來規避責任。

## ●可向警方調現場圖片

車禍當事人在事故發生後七天內，也可以**向當初報案的轄區警局**要車禍現場圖、警察紀錄的現場照片。

事故發生過了三十天之後，則可以向轄區警方要「道路交通事故初步分析研判表」。

對於肇事者或受害者來說，無論是要與對方進行和解，或是向保險公司申請理賠，甚至是上法院，這些都是相當重要的證據與資訊，所以一定要記得去拿。

## 了解你的保險內容，及時通知保險公司

車禍發生時，首要當然是生命安全，但車體毀損要如何回復也相當重要，「保險」在這個時候就派上用場了。不過，在聯絡保險公司之前，你可能得先搞清楚，自己到底保了怎麼樣的保險。

### ●「汽機車強制險」：責任險賠給受害人

汽車和機車原則上都應該要投保「汽機車強制險」，這個叫做「責任險」。責任險的特別之處是，這種保險是賠給車禍的「受害人」，而不是去保保險的人。也就是說，由「受傷的一方」向「車禍事故中的另一方」的保險公司請求賠償。這叫做「交叉請求」，因此，車禍中的當事人可以向彼此投保的保險公司請求理賠。

依《強制汽車責任保險法》第二十五條規定，保險公司應該在申請後的十日內給

付保險金給受害人，所以其實可以相當迅速地獲得賠償。

● **「汽機車任意險」：車體險的修車費**

但是，強制險只賠償「人身」的損害，也就是受傷的醫藥費支出，不包含財物（車子）損害。如果想要修車費的理賠，就要確認一下對方事前是否有投保「車體險」這種「汽機車任意險」。

● **車禍發生時，聯絡保險公司到場處理**

不少保險公司都有提供車禍處理服務，別忘了在車禍發生時，直接聯絡保險公司到場處理，可以幫自己省下不少請求理賠的功夫。

假如你所投保的公司沒有這種服務，也可以自己向保險公司索取「理賠申請書」，準備好必備的資料，再去找保險公司理賠。

## 和解，也是一條路

一般車禍案件，假如不涉及重大損傷，其實也可以選擇進行和解。

### ●直接和解

和解的內容，就是看雙方要怎麼「喬」。有些人可能自知理虧，會直接談好一筆金額了事。也有人是留下聯絡資料，約定以維修廠的報價當作和解金額。**無論如何，都要留下書面文件，並且有雙方的簽名，以確保日後不會再生爭議。**

但要注意，依《保險法》第九十三條，**若有投保責任險，最好請保險公司派業務到場參與，以免影響日後的保險理賠。**

### ●找調解委員會

若是更謹慎的，可以到調解委員會申請調解。

依據《鄉鎮市調解條例》第二十七條，調解若經法院核定，就不能再起訴、告訴或自訴。這可以避免調解之後，有人又想反悔。而且只要調解經過法院核定以後，就與民事判決有相同的效力。最大的好處是可作為執行的名義，不用擔心對方翻臉不認帳，讓你要不到錢。

但相對地，走調解之路就是比較花時間，需要跟調解委員約時間，到場調解。

## 協商不成，再走法院

假如和解不成，又無法調解，解決紛爭的最後途徑就是進入法院解決。

原則上，民事訴訟並不強迫當事人一定要請律師，若是有經濟考量，只要準備好前面提到的各種資料，仍然可以進行訴訟。如果比較沒有經濟壓力，委任律師處理當然比較省心及省力。

## 大家來思考

車禍發生時，最重要的還是有沒有人傷亡，第一時間先叫救護車，再來進行前面的這些處理程序。

假如只是輕微的擦撞、小事故，像我被突然竄出的阿姨嚇到摔車的那種情況，你也能選擇不要報警，念一念亂騎車的人就好，只要沒出什麼大事，也不一定需要出動警察。

把車禍的處理程序放在心裡，就當是保命符吧，就算車禍不會發生在你身上，但哪天當你路見不平要拔刀相助時，也才知道如何出手救人。

# 被車子撞了，可以要到多少賠償金？

面對車禍賠償的諮詢案件，當事人最常問的問題就是：「律師，這件事我可以要到多少錢？」

這個問題，我們可以先把車禍中可能發生的損害，分成三種：

**一、最基本的醫藥費以及維修費。**

**二、因車禍造成的傷害而無法工作，由此產生的勞動損失與額外的生活支出。**

**三、車禍對當事人造成的驚嚇與心理創傷。**

第一種損害的賠償額比較好預測。基本上，受傷的當事人只要確實有進行醫療與車體維修，能夠提出醫藥單據、維修收據等，基本上是可以照單取得賠償的，有點類似報帳的實報實銷。

但是，第二種與第三種賠償不容易預估一個準確的金額，因為這兩種情況，都不像實質的身體或財產傷害能取得一個客觀的估價額，而往往需要透過訴訟程序，由法官衡量傷害情況、個案情形再來衡量。

例如：車禍造成的損害是否有影響工作能力？皮肉傷算不算？小指骨折算不算？假設經過判斷，當事人確實因為車禍而影響到工作，那麼影響的程度是多少？是完全不能上班？還是影響部分的工作能力而已？這些因素都會牽涉到最後能索取多少勞動損失賠償。

而什麼樣的驚嚇與心理創傷，足以向對方請求「精神賠償」？在法律上，口說無憑，不會因為原告覺得自己受到了驚嚇，法官就判賠，而是需要衡量具體情況與雙方當事人的條件，才能進行判斷。因此也不像商店價目表，價錢都能清清楚楚。

不過，能拿到多少賠償倒也不是完全無跡可尋，我們還是可以從過去的法院判決中找到一些端倪，接下來，就舉一些案例來說給你聽。

## 雷律師釋疑

### 勞動損失，以及額外的生活支出

小明在上班途中出了一場嚴重的車禍，醫生告訴他，除了掛號費、醫藥費之外，他可能要另外買醫療器具才能復原。

小明心想，自己是做裝潢的，生意已經夠慘澹，現在因為腳受傷，至少會有一陣子沒收入，不僅要搭計程車才能看醫生，還得去國術館推拿、買中藥吃，才有辦法舒緩疼痛，怎麼會有錢。

「這些支出，有沒有辦法請肇事者賠給我呢？」小明心想。

法律上，小明的請求權基礎是《民法》第一九三條第一項：「不法侵害他人之身體或健康者，對於被害人因此**喪失或減少勞動能力**或**增加生活上之需要**時，應負損害賠償責任。」

## ●「喪失或減少勞動能力」的賠償

喪失或減少勞動能力，就是因為傷勢而不能賺錢的成本，**計算方式是：「工作薪資」×「無法工作的時間」**。

### 一、工作薪資如何計算？

關於工作薪資，原則上要由原告證明自己的薪水（月、日薪）有多少，像是提出契約書、薪資證明等，告訴法官自己一個月確實可以拿到多少錢。

非固定薪資的行業，如房仲、裝潢業等的從業者，若難以證明自己的收入，可以利用所得稅申報資料向法官證明。

有一件案子，原告是室內裝修工程的負責人，仰賴承接業務才有收入。這位原告就利用前一年的所得扣繳憑單，使法院相信他的工作薪資數額為多少（參見「台北地院民事一〇三年度重訴字第一二九五號」）。

另一件案子的其中一個原告主張自己有代銷不動產的收入。雖然這名原告無法利用授權書等文件證明自己的收入，但法官還是依照前一年的薪資所得資料來認定原告的月薪（參見「士林地院民事一〇三年度重訴字第三十九號」）。

假如不是以上這兩種，只是偶爾務農、兼課，又或者在市場擺攤，無法證明收入，又沒有報稅資料，法官可能就會依據勞動部所訂的最低薪資，來判斷勞動能力的減損。

比如這個案例：原告偶爾兼課、種植水果，法院認為原告在事故前身體健全，至少有能力承擔最低薪資的工作，便以勞動部當年的最低薪資來計算不能工作的損失（參見「台北地院民事一〇五年度重訴字第三六四號」）。

## 二、無法工作的時間如何計算？

至於無法工作的時間，法官會依照診斷證明書內，醫師所認定的休養時間來判斷，例如「預期共需休養復健治療一年」這些內容。原告也可以請法院以書面詢問醫院，取得確切的時間。

## 三、「未來」的工作能力損失如何計算？

有些傷可能會永久地影響工作表現，可以請求「未來」的工作能力損失，這種情況的**計算方式是：「工作薪資」×「減損的勞動力比例」×「還有多久退休」**。

若診斷證明書上沒載明勞動力的減損比例，可以請法院囑託醫院鑑定。比如說：原告因車禍導致的頭部外傷而造成「眩暈、智能減退障礙」，醫院鑑定顯示勞動能力下降百分之七，那就是以「原告的薪水」×「百分之七」來計算勞動能力的減少比例（參見「新北地院民事年度訴字第一二七〇號判決」）。

至於還有多久退休，則是依據勞動部所訂的退休年齡計算，目前是六十五歲。以前一段的例子來看，假設出車禍時，原告三十歲，那就有三十五年的工作表現都受影響，計算式變成「原告的薪水」×「百分之七」×「三十五」。

由此看來，小明因為車禍而「現在」因傷不能工作，所減少的收入，可以向對方請求。

假設小明的傷勢嚴重到永久減損勞動能力，則可以向對方針對「未來」的工作收入減少求償。

## ●「增加生活上之需要」的賠償

### 一、購買的額外醫療器具，能不能要賠償？

小明為了治療而買的「額外醫療器具」，只要是依循醫囑所購買，並且留有診斷書與收據，是可以請求賠償的。

他遇到的情況就像這個案例：因診斷證明書內有註明「術後須購買支架與輪椅」，這些支出就算是因傷勢而增加的必要費用，因而法院准許原告的費用請求（參見「台北地院民事一〇五年度訴字第九七五號判決」）。

## 二、看醫生的交通費，能不能要賠償？

**【可以求償的情況】**

關於搭計程車看醫生所花的「交通費」，在類似的案例中提到：原告主張的交通費，是因為要前往醫院治療車禍傷勢，所以原告確實有搭乘計程車往返之必要（參見「士林地院民事一〇三年度訴字第六七八號」）。

簡單來說，**法院認為原則上只要是就醫的交通費支出，都是允許的。**

**【不能求償的情況】**

但也不是事故發生後所有的交通費，都可以請求賠償。像是一〇五年度有個判決，原告請求的費用都是在事故後過了半年才發生，依據就診紀錄，這名原告早已離院，沒有持續追蹤就醫的需要，這樣的交通費就沒有必要，不可以求償（參見「新北地院民事一〇五年度簡上字第二一〇號」）。

許多民眾不只求助西醫，也可能去國術館尋求「民俗療法」，做復健或買中藥、保健食品，這些費用也不一定能請求，比如這個判例：原告不僅推拿、購買藥包煎煮，還買了「龜鹿二仙膠」等中藥幫助復原，但法院認為，推拿若未經過中、西醫的醫療指示，原告必須另外自己證明給國術館推拿的必要性，因此判原告敗訴（參見「新北地院民事一〇五年度訴字第一九七九號」）。

由這些案例看來，小明因為受傷所花的醫藥費、醫療用品、交通費、中藥或推拿費，只要符合法院所說的必要性，原則上是可以請求的。最重要的是，小明**一定要把車禍後各種花費的收據、發票、診斷書都收好，才有辦法在法庭上向法官證明。**

## 精神賠償（慰撫金）

在車禍事件裡，常見當事人因身體、健康受損，一併向對方請求「精神賠償」（或稱作「慰撫金」、「慰藉金」）。但是精神賠償是看不到的，自己能拿到多少，或者得賠給對方多少，心裡沒有個底，實在讓人很害怕。

### ●精神賠償的判定標準寬鬆

為了幫助大家至少有個概念，我以「損害賠償」為案由，「慰撫金」、「車禍」為關鍵字，並以「民法第一九五條」為相關法條，搜尋一〇五年在台北、新北以及士林地方法院的判決，一共搜尋到九十六則相關判決，共計有九十五個請求人數（因為其中有的並非車禍事故，而有些案件可能不只一個原告）。

雖然每個案件的損害程度、身體傷勢輕重不一，但我們從「精神賠償額」與「賠償總額」的比例來看，仍然可以看出精神賠償的一些端倪：僅有百分之十八的案件被駁回，大多數的案件都獲得准許，甚至有將近百分之四十的案件，精神賠償的額度可以超過賠償總額的一半。

由此可見，**地方法院（包含簡易庭）對於精神賠償的判斷是寬鬆的。**法院大多會准許精神賠償的求償，而且精神賠償與身體醫藥費的額度可能相等；甚至當對於身體、健康的傷害不嚴重時，也可能會准許一筆可觀的精神賠償。例如：台北地院一〇四年度重訴字第五一六號、台北地院民事判決一〇四年度訴字第四〇六八號，賠償總額幾乎就是精神賠償的金額，而醫藥費支出僅占皮毛。

## ●舉證不足，求償可能被駁回

那麼，哪些案件會被駁回呢？

例如：士林地院一〇四年度湖小字第一〇七七號、新北地院一〇四年度重簡字第一四三六號，這兩則判決，認為僅有驚嚇並不足以請求精神賠償；新北地院三重簡易庭民事判決一〇五年度重簡字第八二七號，案件中只有車體損害，原告並沒有身體傷害，所以也不准請求。

除此之外，大多數的案件則是因為舉證不足，無法讓法院確信有損害存在，才被駁回的。

車禍精神賠償圖表

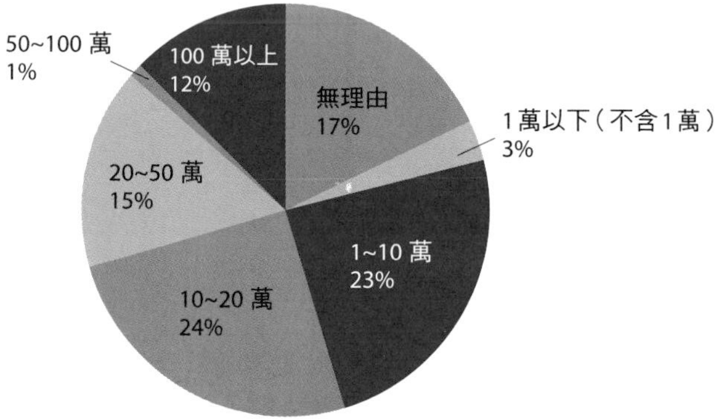


## ●精神賠償一般是一萬至二十萬元

你是否想過精神賠償的價值有多少？這張圖表所呈現的結果，是否跟你的想像一樣呢？

至今最高額的賠償金如這個判例：原告因傷必須截肢、接受多次清創手術等，法院判賠他獲得兩百萬的精神賠償（參見「新北地院民事判決一〇四年度訴字第六九八號」）。不過，精神賠償額一般主要落在一萬至二十萬之間。

當然，這些資料並不足以代表所有法院的判決與標準，但透過這些判決分析，我們對精神賠償能有更具體的概念，同時也可以作為請求賠償時的參考，避免讓法院覺得我們在漫天喊價，比較容易相信我們主張的精神賠償額。

# 明明是路上交通標示不清，警察卻開我單？

「嗶嗶嗶！」哨音響起，「來、來，過來，靠邊停。行照、駕照請你拿出來。」緊接著是振筆疾書聲，「來，這邊要……你違反了《道路交通管理處罰條例》第××條，××天後可以去繳費……」

這一段話，你是否似曾相識？

警察攔停駕駛的場景，你一定不陌生。大多數人被警察攔停、開單檢舉時，都是摸摸鼻子收下紅單，把罰鍰繳清，就當作買一次教訓。可是，有時候真的不是你的錯。

也許是交通標示不清，你才誤觸法規；也許是他人的行為才造成你違規……在這種情況下被開罰，不公又不義，誰吞得下這口鳥氣！

## 雷律師釋疑

### 第一次救濟：申訴權

碰到你覺得不合理、不正確的交通違規舉發，依照法律，你有權利去進行爭辯，讓執法機關改變它的決定——這就是俗稱的「申訴」。

交通違規中的申訴，在法律上的意思其實是人民的「陳述權」。依照《道路交通管理處罰條例》（簡稱為《處罰條例》）第八條，交通違規在主管機關、警察機關處罰以前，應該要給予違規的當事人一個「陳述」的機會，讓你能夠去向開罰的單位爭執說「開錯單了」、「不是我的錯」。

#### ●停車到底有沒有壓到紅線？

例如：你違規停車的地方在紅線邊緣，員警卻認為已經壓到紅線而選擇開單，你就可以要求警察機關重新審視一遍舉發的照片，或者是自己蒐集當下的照片、影像來陳述，證明員警開錯單了。

## ●「被移車」的爭議

另一個常見的情況是「移車」，尤其是在大都市的鬧區，車位難求時，常有人移車卡位，結果先停好車的人反而被移出了停車格，而遭開單。遇到這種狀況，依照《違反道路交通管理事件統一裁罰基準及處理細則》（簡稱為《處理細則》）第三十六條，你可以檢具證明，向開罰的機關進行陳述，請他們處罰造成違規的人。

## ●交通違規的處罰，分成兩階段

在你收到紅單以後、處罰以前，都可以向開罰的機關進行陳述（即申訴）。

講到這邊，你可能會覺得奇怪：什麼叫開單以後、處罰以前？

交通違規的處罰，其實分成兩階段，**先有違規的通知單，才會進行裁決（也就是真正的處罰）**。

### 第一階段：「違規通知」

你平常被攔停時開的罰單，或是寄到家裡信箱的罰單，都只是第一階段的「違規通知」而已。只不過，一般人在收到罰單後就乖乖地自願承認違規，繳納罰鍰，因而省略了第二階段的「裁決」。

**第二階段：「裁決」**

罰單上會記載「到案日」，這個日期就是讓你在不服警察舉發開罰時，能夠有一段時間進行陳述（申訴）的準備。

依照《處理細則》第四十四條，警察機關在罰單上寫的到案日後三個月內就會進行裁決，因此，如果你不服氣，認為警察亂開單，可得把握好時間去陳述（申訴）。

## 第二次救濟：行政訴訟

陳述之後，結果不一定盡如人意，有可能警察機關仍然裁決你違規，要你繳交罰鍰。如果你認為警察機關的裁決不公正，下一步就是向法院提起「行政訴訟」，要求讓客觀、公正的第三方——也就是法院來審理這個案子。

●三十天內，必須提起訴訟

但是同樣地，必須注意時間的問題。依照《處罰條例》第八十七條，你必須在裁決書送達後的三十天內提起訴訟，不然法院不會受理這個案子。

●第二次機會

◎法院會把起訴書送給開罰的機關

提起訴訟之後，你會獲得第二次的撤銷罰單機會，因為依照《處理細則》第六十五條，法院會把你的起訴書送給開罰的機關，讓他們再自我審查一次：原本開的罰單到底有沒有問題？也許在你自行陳述（申訴）時，開罰的機關僅輕描淡寫，但在收到起訴書後，可能就會認真看待你的罰單，好好審查。

如果在第二次的機會，開罰的機關仍不願撤銷罰單，就要確實進入法院打訴訟，向法官證明你是對的，罰單是錯的。

然而，不見得每種原因都可以向開罰的機關主張撤銷罰單或處罰。一般人最常說的：「我不是故意的。」這個理由可能就無法讓開罰的機關撤銷罰單，因為行政罰（來自行政機關的處罰）不僅處罰故意違規的人（如：鄰居每天半夜大聲喧嘩），就算是不小心的也可以處罰。不過，倒是有些法定的事由，值得你一試。

## ◎被不當地連續舉發時，據理力爭

最常見的情況是「連續舉發」。

有些人承認自己是因趕時間而超速，卻在日後一次收到好幾張罰單，仔細一看，都是在同一個路段被拍到的。又或者臨時有事，只好違規停在紅線上，也是因為同一次停車而收到好幾張罰單。在這些事例中，行為人不是不願意承認自己違規，只是針對同一個違規行為卻用了好幾次的處罰，似乎說不太過去。

依照《處罰條例》第八十五條之一，警察機關雖然可以對同一個違規行為連續處罰，但是仍得遵守以下原則：

**一、違反速限的情況：**只要不是在隧道內違反的，各次罰單必須要「違規地點相距六公里」、「相隔六分鐘」或是「行駛超過一個路口」才行。

**二、違規停車的情況：**各次罰單必須每超過兩個小時的間隔才能再開。

如果你因違反速限而收到多張罰單，但經過仔細比對，卻發現罰單上記載的距離、時間的間隔相當接近，那麼就有違法開罰的疑慮。若你因違規停車而收到多張罰單，其中卻有兩張是在短短一小時內重複開罰，也同樣有違法問題。這時候，你就可以勇敢地進行陳述（申訴），甚至是訴訟。

## 輕微違規，免予舉發

另一種可能使你免於受罰的原因，則是關於「輕微違規」的免予舉發。

雖然這是執勤員警的職權，對於輕微違規，由他決定是否舉發，但是，若我們對於免予舉發的條件略知一二，在恰當的情況說出來提醒員警，哪天也許能幫到自己。

依照《處理細則》第十二條，假使情節輕微，某些交通違規狀況，警察可以開「勸導單」免予舉發，而不是「違規通知單」。其中有些事由值得你記在心裡：

### ●關於臨時停車

第十二條中的第五款，因上下客人、貨物而必須臨時停車，但沒有妨害交通。

這種情形並不少見，畢竟要駕駛每一次都找到合法的停車地點放人下車，相當不近人情。如果你是因為臨時上下客人或載運貨物而被警察攔停，可以用這個條款問警察能否不予舉發。

## ●關於交通標誌

第十二條中的第七款，駕駛因為標誌設置不清或被遮蔽而看不見交通標誌，導致違規。

這個狀況也相當常見。有一次，我騎機車左轉被攔停，警察說我違規左轉，我心想：「怎麼可能！這裡是小巷，而且剛剛巷口又沒有號誌。」結果回頭一看，兩段式左轉的號誌正好被一棵樹的枝葉完全擋住，若不騎到號誌底下，根本看不到。當時我若知道這一條法規，一定會跟警察據理力爭，可惜年少時沒想那麼多。

不過，請記得，這個對於輕微違規的免予舉發規定，最終的決定權仍然是在執勤員警的手上，由他依照事實情況，決定要不要只給你勸導單，而不是罰單。在與警察溝通或協商的過程中，請一定要保持禮貌與理性。

## 大家來思考

有些人可能認為，不過就是一張交通違規的罰單，又不是一大筆錢，為什麼要搞這麼麻煩去申訴、訴訟或是「盧」。

以我做律師的經驗來說，我想，在許多涉入爭執或訴訟的當事人心中，最重要的似乎不是到底賠多少、花多少或拿到多少利益，而是想要辨明是非：「對的就是對的，錯的就是錯的。」不願讓任何不公義的事情留存在社會上。

碰到這種當事人，在某些人眼中是「盧」、是麻煩、是釘子戶，但在我的眼裡，他們可都是捍衛正義的使者。

# 用監視器抓違規停車，會侵犯隱私權嗎？

不管大路或窄巷，路邊的違規停車是不是總讓你想要喇叭八連發？身為用路人，我也時常被違規停車的汽機車擋住去路，一個路口等了三次才過。

有些人覺得，違規停車在台灣這麼氾濫，嚴重影響交通，在警力不足的情況下，想要推廣用「監視器」來抓違規停車，只要架一台監視器在違規停車的熱點，看一輛車子違停就送一張單，省事又省力。有的縣、市政府首長也力推此舉，比如台北市長柯文哲曾在市府交通會報上提出這樣的構想。但，這樣真的對嗎？

**用「監視器」抓違規停車，合法嗎？**

### 雷律師釋疑

## 個人資料，是個人的權利之一

我們要先想想：為什麼不能用監視器拍攝行車呢？

如果你時常看一些警匪電影或科技電影，在電影中，主角總是會被GPS掌握一舉一動，壞人就可以瞬間找到主角，進行追殺。

電眼（「監視器」）雖然不像GPS是即時定位的，但透過電眼的捕捉，的確能拼湊出你的行車路徑，而不能隨便設置的重點在於：**這種「行蹤的軌跡」受到《個人資料保護法》的保障。**

依據《個資法》第二條中定義的個人資料，除了常見的姓名、指紋、病歷等，也包含了「社會活動」這種可以間接辨別個人的資料——只要是能間接拼湊出跟你相關的資訊，也受到《個資法》的保護，無論政府或其他人，都不能隨意蒐集、處理或利用這些資料。這就是為什麼不管是政府或警察，都不能隨便裝設監視器來監視人民。

## 裝在路上的監視器，合法嗎？

聰明如你，一定會有一個疑問：「不對啊！我明明看到一堆路口都裝了監視器，怎麼說不能裝？難道是政府公然違法嗎？現在路上有那麼多監視器，怎麼解釋？」

### ●監視器是用來「維護治安」、「預防犯罪」

權利的行使有界限，個人資料與隱私權也不例外。在合乎比例原則的情況下，個人的權利是可以被「法律」限制的。

路邊的監視器之所以能合法裝設，是來自《警察職權行使法》第十條，以及各地的監視器設置條例，比如《台北市錄影監視系統設置自治條例》。這些法律與條例，必須經過立法院及各地議會等民意機關的提案、表決與公布後，政府單位才能據此裝設監視器，而不能由政府自顧自地說：「我們是為了解決交通問題，目的正當！」就廣設監視器。

## ●監視器不能用來抓違規停車

那麼，現在有法律，也裝了監視器，為什麼還不能用來抓違停呢？

這是因為在《警察職權行使法》、監視錄影器的《自治條例》中，特別規定了監視器的「合法用途」，**目前只有符合「維護治安」、「預防犯罪」這兩種目的，才允許利用監視器**。比如有搶匪洗劫銀樓、銀行這種違反《刑法》的犯罪行為，警方就可以利用監視器找出嫌犯的逃亡蹤跡並追捕，將其移送法辦。

但相反地，違規停車並不是《刑法》所定的犯罪，只是一種「行政罰」，簡單來說就是罰錢了事的一種規定，因此，警方不能調取監視器畫面來抓違規停車。

## 測速照相器和監視器，有什麼不同？

在高速公路上，常看到那種會閃光拍照的定點測速照相器，好像跟監視器沒什麼兩樣，都是利用設置在定點的科技儀器來抓違規。但是，這種定點式的科學儀器取證，法源依據是《道路交通管理處罰條例》第七條之二，因「當場不能或不宜攔截舉發」，才例外地可以使用。

舉例來說，在高速公路上如果有飛車超速行駛，一方面要警察也開上高速公路追車再攔停，有可能追不到（原因諸如：警車的配備沒有跑車快、因交通堵塞而追不上等），另一方面由於警察也要超速才追得上，使得道路上出現更多超速車，讓他們這樣子追趕違規車輛，不僅造成警察自身的危險，對整體交通也造成危害。只有在這些情況下，法律才允許政府利用定點式的照相機、測速器抓交通違規駕駛人。

從這一點來看，違規停車並不像超速、闖紅燈這種違規行為，警察前往現場取締是可行的，也不會有生命危險，因此很難符合這個「當場不能或不宜攔截舉發」的法律例外。

## 現在沒有任何法律，允許「用監視器抓違停」

簡單來說，現在沒有一條法律允許「用監視器抓違停」。如果各地政府擅自開始這麼做，就是沒有法律授權，侵犯了人民的權利。

假設你收到一張舉發通知單，說你於某年某月某日違規停車，因此要處罰鍰，但是檢附的證據竟然是路口監視器的畫面，你不僅可以主張政府未依照法定程序處罰你，以申訴或訴訟來撤銷罰單，更可主張公務機關有違反《個資法》第十六條濫用監視器畫面的嫌疑，向開單的單位請求民事賠償。

## 善用監視器的畫面，是有力的證據

雖然我把利用監視器抓違規停車這件事，形容得很邪惡，但是在某些場合，尤其是打行政訴訟要撤銷罰單時，監視器畫面卻有可能產生奇效，在現行法規之下，它不能用來取締違規停車，但是在訴訟中，仍然能作為當事人雙方的證據之一。

被舉發違規停車時，監視器畫面是你可以主張的有利證據，一方面證明你的車確實被移動了，不是你故意違停的；另一方面，就算現場沒有設置監視器、機器的紀錄已移除，或者剛好拍不到，有些法官也會依照個案的情況，採取有利於人民的解釋，最後撤銷了罰單。

舉個例子，以下這種狀況可說是機車族的夢魘：

在車站或是鬧區，你好不容易找到機車的停車格，在邊角處停了下來，以為一切安心。等你逛完街、看完電影回來以後，發現自己的車子被擠到了停車格之外，原本的位子卻停了另一輛機車——被亂移車也就算了，讓你更生氣的是，你還收到了一張「違規停車」的罰單，舉發的依據，就是你的車子被擠到停車格外面，停在紅線上的照片。

## ●空口說白話，沒有說服力

這種惡意移車的情形，若造成你的機車車體損傷或者因此被罰款，你可以嘗試依據《民法》第一八四條的規定，向移車的人請求損害賠償。

但現實中的情況往往是你無從得知移車者是誰，因此無法向對方索賠，你只能向警察、裁決所說：「我是無辜的呀！我原本停在停車格裡的……」

但，就像每個被告都會向警察、法官說自己無罪一樣，在沒有確切證據能夠證明之前，對於他們來說，這只是慣用的辯解說法而已，不可能只憑你空口說白話就相信你而撤銷罰單。

## ●實際案例的情況

在實務上，有些判決也出現過這種情況，當事人不滿自己明明就是受害者，卻必須繳罰款，就一狀告上法院，請求法院撤銷這張交通罰單。

有兩個分別發生在桃園和台北的例子：一位當事人的車子是停在巷口正中央，另一位則是停在鬧區，這兩個案例的當事人都主張自己的車子是被事後移動，自己不是一開始就違規停車的（參見「桃園地方法院一〇三年度交字第十六號行政訴訟判決」、「台北地方法院一〇四年度交字第二二三號行政訴訟判決」）。

在這兩個案例中，當事人都有向警局要求調閱監視器畫面，以證明是否確有「被移動的事情發生」，但是，一間警局因監視器設置角度的問題，無法提出被舉發車輛的攝影畫面，另一間則是完全無法提出。

雖然兩個案子最後都沒有畫面來證明當事人車子被移動的具體事實，看起來好像非常不利，但法院從保障人民的立場出發，依照個案的情況（例如這兩個案子違停的地點、位置特殊），認為在無法確定是否被移動的情況下，應朝向有利於人民的解釋結果，因此採取有可能被移動的見解，最後撤銷了這兩筆罰單。

## 大家來思考

我也很討厭違規停車，但我並不贊同用監視器來抓違停，因為我不希望社會再回到像戒嚴時代一樣，政府有能力也有權利，時時刻刻地監控著每一個人。想想看，以後走在路上挖鼻孔，政府都有一隻眼睛看得到，這樣呼吸有多困難！

違停不是不能抓，而是應該抓。但是，在現有的法律框架下，利用監視器來取締違規停車並不符合法律。

不過，監視器還是有一些好用的地方，尤其在交通違規的訴訟中，視個案的情況提出監視器畫面，對於被陷害成違規的當事人來說，對於訴訟反而有幫助。若你遇上了類似的狀況，不是惡意違規時，別忘了向警察局調取監視器畫面來證明自己是無辜的，或是在訴訟中向法官說明一切，讓法官代替你調取資料，還你清白。

# 檢舉交通違規，有沒有獎金？

在交通要道上的紅線臨時停車，在狹窄的巷口臨時停車，還有各種違規轉彎、行駛……交通違規事件實在太常見，令人感覺好像違法變成了常態。被這些違規影響到用路權益的我們氣得牙癢癢，但有時警察忙著偵辦其他案子，無暇兼顧這類案件，或者無法及時趕到來開單舉發，這時候，「檢舉」似乎成了一條自救與救人的途徑。

據新聞報導，由於智慧型手機以及錄影設備的普及，人人都能輕鬆地記錄他人的惡形惡狀，因此近年來，交通違規的檢舉案數量急劇上升，以台北市為例，一年就有多達五十四萬件的交通違規檢舉案件。

如果你也想成為路權的正義使者，在勇於檢舉交通違規的時候，以下這些事情，請你要注意。

雷律師釋疑

## 實名檢舉制：姓名、住址及聯絡方式

依照《道路交通管理處罰條例》第七條之一：「對於違反本條例之行為者，民眾得敘明違規事實或檢具違規證據資料，向公路主管或警察機關檢舉，經查證屬實者，應即舉發。」無論你是正義之士、附近居民，或者只是單純路過，也不管你是要用嘴巴說還是寫信、傳真，依照法律，你都有權利向主管機關檢舉交通違規行為。只不過，依照目前的法規，**交通檢舉必須要留下個人基本資料，不能匿名檢舉**，這點是你必須知道的。

雖然如此，依照《違反道路交通管理事件統一裁罰基準及處理細則》（簡稱為《處理細則》）第二十條，**你需要留下的個人資料只有：姓名、住址及聯絡方式，讓接受檢舉的機關方便聯絡與確認事實，不需要擔心主管機關會洩漏你的資訊**。此外，依照《個人資料保護法》的規範，你的資料也不會被主管機關洩漏給被檢舉人，不用擔心自己被尋仇。

假如你不願意具名檢舉，依照《處理細則》第二十三條，主管機關或警察機關就不予舉發，也就是不會處理你的檢舉。

## 要找對單位檢舉：管轄單位才會受理

原則上，在各直轄市、縣市發生的交通違規，就是由當地市、縣警局負責所有的舉發。

但如果是在國道公路上發生的交通違規，那麼最好直接向國道公路的警察局檢舉，若不是管轄單位很有可能不受理，或是告訴你檢舉不成立，幫你轉達給管轄單位。

同樣的道理，也別向國道公路警察局檢舉你家門前的違規停車。省自己麻煩也省他人麻煩，別忘了找對單位檢舉。

## 準備清楚的檢舉資料：照片或錄影

**檢舉跟打訴訟有一個很像的地方，就是最怕你「空口說白話」。**

凡事都要講求證據，更何況是要開罰單的事情。雖然違規的交通事實擺在你眼前，但警察機關畢竟不在現場，如果你想要靠自己的力量進行檢舉，就一定要自己蒐集好證據，並且將證據檢附給警察機關。

檢舉的資料，最好準備「照片」或是「錄影」，看你要檢舉哪一種交通違規。

## ●靜態的交通違規：準備照片

靜態的交通違規，可能只需要準備照片。

什麼是靜態的交通違規？最明顯的就是「違規停車」。這種交通違規不是移動中的過程，而且違規的事實容易判斷：有沒有停在紅線上，有沒有停在禁停的路口，有沒有超出停車格……這些事情一看照片就知道。

## ●動態的交通違規：要錄影

如果是動態的交通違規，那麼用錄影可能更好，例如闖紅燈、跨越雙黃線、超速……這種行進中的違規，如果你單用照片來呈現，無法辨明違規事實。

## ●照片、影片內，必備四大資訊

你的照片、影片內有幾個一定要呈現的資訊，包括：

**一、地點：**違規的車子是在哪個縣市、路段、幾號前，最好記清楚或是能直接透過照片傳達，因為警察只能憑著你提供的資料進行判斷，假如你只寫台北市、新北市，或是某個國道號碼，警察是沒辦法僅靠這樣的資料做記錄與開罰的，就只能回覆你「不予舉發」。

**二、日期與時間：**檢舉時，必須告知警察機關，事發的時間是在某年某月某日，否則只放了一張照片，卻沒有時間，警察一樣不能開罰。要特別注意的是，若你是利用行車記錄器，請務必事先校對記錄器的拍攝日期，以免發生拍攝日期與檢舉違規日期不一樣的情況，這種瑕疵也會讓警察機關無法開罰。

**三、違規的事實（包括違規的車號、車型或其他特徵）：**檢舉最怕的是你用眼睛看得清清楚楚，但拍照拍得模模糊糊，讓承辦員警看著你的檢舉照片卻霧煞煞，不知道照片上的車子到底違了什麼規。比如：你檢舉車子跨雙黃線，但照片裡的車正在直直行駛；你檢舉違規停車，但你的照片裡只有車，沒有違停的紅線……這些都會讓你的檢舉NG。盡可能地多角度拍攝，把違規牽涉的標誌、標線都納入照相範圍，才能確保你的檢舉有效與成功。

**四、七天的限制：**若要檢舉交通違規，最好在拍完照片、記錄完事實後，就直接把資料傳出去，以免過了檢舉時效，警察機關就不理你了。依照《處理細則》第二十三條，對於交通違規發生（結束）七天之後的檢舉，公路主管或警察機關都是不予舉發的。例如：**你在二月一日看到前方駕駛凶悍地闖紅燈，最晚必須在二月七日進行檢舉**，若拖到二月八日才送出資料，這項檢舉就不會被受理。又或者有人十月十五日在你家門前違規停車到十月十八日才開走，你拍完照就忘記了，一直到十一月才上網檢舉，由於已經超過了十月二十四日的最後期限，也不會被受理。

## 檢舉有獎金嗎？

如果你檢舉違規不是要維護道路安全，而是抱著賺一點獎金的心態，那我得潑你一桶冷水，因為現在檢舉交通違規，幾乎領不到獎金了。

依照《道路交通管理處罰條例》第九十一條，只有在「肇事、蛇行、超過最高限速、逼車」等情況，檢舉且經查證屬實，才有可能發給獎勵，至於獎金給多少，就要看各縣市如何規定。例如：台北市檢舉肇事逃逸案件的獎勵要點明定，檢舉肇逃案件因而偵破，視案件的嚴重情況，發給三千、六千或一萬元的獎勵金。

## 大家來思考

雖然警察又稱作「人民保母」，但他們並不像保母能隨時在你身邊保護安全或維持秩序，因此，利用檢舉來協助維護道路安全，不失為一個善舉。

但是，也要提醒大家，盡量在有確切違規行為與證據之後再進行檢舉，切勿把檢舉當作是好玩、報復或是賺錢的手段。

# 第三章

# 租屋

在房價水漲船高的現代，租房子是很多人的選擇，也是生活中的一件大事。但是透過新聞，我們常見到各種惡房東或惡房客的惡形惡狀：有的恐怖房東未經房客同意，就擅闖已經租出去的房子，有的房東喜歡吹毛求疵地扣錢；有的惡房客則是租期到了不離開，或者把房內破壞得慘不忍睹。

遇到這些狀況時，該怎麼辦？找律師？摸摸鼻子認栽？常常做好事，期待自己遇到菩薩心的房東或房客？

其實，租賃關係雖然細節很多，但是並不難處理，訴訟的爭議主題也相當集中，主要就是爭執房客不付租金（占百分之四十二），房屋修繕、毀損和返還押、租金的爭議（占百分之七），或者是租約到期後，房客不搬走（占百分之十二）。

我們把整個租屋的歷程，切成簽約、承租與退租三個階段，並且提出每個階段，大家應該要注意的一些條款細節。從找房、看房、簽約，到入住後的日常生活、溝通協調，甚至是退租時，如果在租屋的每個環節都能注意這些條款，房東與房客間的紛爭就可以大幅減少。

法律其實是「事前預防」的效果遠高於「事後治療」。現在先搞懂簽訂租約的基本起手式，真的遇到紛爭時，律師能幫你爭取到權利的機會也會高很多。

# 租房子的約，怎麼簽才有保障？

在這個租客多、房子少的時代，你我想租房子都得經歷整天掛在租屋網上，抱著希望不斷按F5重新整理，卻又失望還是沒有適合的房子的煎熬。帶看的房東或仲介要嘛都約不到時間，要嘛電話打不通；好不容易撥通，房子卻已租出去了。不禁令人喟嘆：「為何找一間自己想要的小窩，難如上青天？」

於是，許多人好不容易走到了簽約的階段，對著房屋租約欣喜不已，根本不看內容就簽了，結果後患無窮。

所以我想跟大家聊聊在簽訂租約時，基本上要注意的幾個細節。

**雷律師釋疑**

## 確認「屋主」的身分很重要

跑了兩、三個地點，看了好幾間招租的房子，筋疲力盡的你，終於找到了一個夢寐以求的住所。房東給人的感覺也不錯，而且興沖沖地想要盡快簽好租約，但是在這之前，你可能得先確認「屋主是誰」。

這一點看似基本，但可是相當重要的一步。

### ●跟「錯的人」簽約，是無效的

雖然一般都是屋主直接出租房子，但也有可能碰到房客當「二房東」招租，或是私人仲介，尤其是現在有愈來愈多房屋代管公司，專門尋找空屋翻新再出租。

所以要小心，**把房子的資訊放上網路、帶你看房的人，可不一定就是屋主。**假如不是屋主本人跟你簽約，請一定要確認出租的人是有權利把屋子租給你的。

《民法》有一個基本原則叫「契約相對性」，任何一份契約，只會拘束同意契約內容而簽字的當事人，而對其他人都沒有效果。

假如你簽約的對象是沒有權利出租房屋的人，比如二房東，就算你們之間有一份白紙黑字的契約，但是如果日後屋主跟二房東間產生爭執，不想租他房子了，你也不能拿著這份契約對屋主說：「喂喂！我也是有簽約的，不能趕我走！」

## ●要怎麼確認屋主是誰？

**一、看身分證、房屋所有權狀：簽約時，應該要求對方給你看「身分證」、「房屋所有權狀」，來確認對方的屋主身分。**這個過程雖然麻煩，甚至在某些人眼裡有些失禮，但為了確保自己的權益，該做的還是不能省。

**二、申請「第二類建物謄本」：**假如真的臉皮薄，不敢向對方要這些資料，也可以去**地政事務所**申請「第二類建物謄本」。第二類建物謄本就像是房子的身分證，你可以從中看到建物的基本資料，藉此確認房屋所有人是誰，同時也可以確認屋齡有多久、房屋用途是住家還是營業用、是否有抵押登記，來幫助你了解你想要租的房屋，也確認對方跟你傳達的資訊是否正確。

**三、是否有合法的委託、代理書：**如果不是屋主自行出租，而是代理人或是二房東出租，就要確認對方是否有合法的委託、代理書，同時也要跟二房東確認他和屋主的契約期限為多久、是否有禁止轉租的約定。

## ●如果是跟二房東簽約

若你是與二房東簽租約，首先要確定前段第三點提到的細節。

基本上，**二房東能住多久，你也只能住多久**，所以最好確保二房東自己與大房東之間有足夠的契約時間。

還有，**如果二房東與大房東間的契約已經寫明「禁止轉租」，那也最好不要冒險偷偷與二房東簽約。**因為，雖然你和二房東之間的契約仍然是有效的，但對於未經同意擅自轉租的情況，大房東是可以把二房東趕出門的，這時，「契約相對性」的原則又出現了，你拿著契約向大房東主張你有權住在房子裡，大房東也不會理你。

## 若你是房東，要確認房客的身分

換個角度，如果你是出租房子的房東、二房東，也一定要確認是誰跟你租房子，不要心存僥倖地認為見過一次面、大家也都認識，不會發生什麼事。當日後發生房屋內的裝潢、設施毀損需要賠償，甚至有欠租不繳的情況時，對方的身分資料就相當重要。如果對方願意主動出面協商、賠償還事小，萬一對方拒不出面或是直接跑路，他的身分資料就是你據以索賠、聲請支付命令或訴訟的基礎。

說是要確認身分，但也不用到找徵信社、偵探這麼誇張，**實務上常見的方式是影印身分證來驗明正身，以此核對房客的身分**就好了。

不過，這裡有個小眉角：**房東與房客雙方要記得在身分證影本上註明「租賃用」**。畢竟身分證內含個人最基本、也最核心的資料，雙方只是為了確認用而已，考慮到個人資料的保護，也避免個資外洩時相互猜忌，最好在這些影本上註記日期與用途，雙方都留底，出了事也好解決。

## 善用「定金」，了解「返還」的規定

切記，**凡是和他人訂立任何契約，最忌諱的就是「口頭」說好了就回家，而沒有白紙黑字。**收受定金是雙方確定要簽約的基本保障，但不要收了定金、繳了定金，就當作沒事了，還有以下的事情要注意。

### ●收、付定金時，寫下收據

收、付定金時，請寫下定金的收據，收據內應該包含：**人**（誰簽的）、**事**（為了哪間房的定金）、**時**（定金給付日期）等資料，以確保雙方確實有收、付定金的事實存在，也方便之後繳租金時，以定金來抵付的計算。

如果你是付定金時一併簽約，在租賃契約書內，找一個空白處寫下定金的收據，也是一個辦法，但記得雙方要在旁邊再簽一次名，表示這份定金不是任何一方在回家之後才擅自加入的。

有時看到「聲請」，有時是用「申請」，區別就在此：
**聲請**：向法院「聲」請。
**申請**：向行政機關「申」請。

## ●付出去的定金，拿得回來嗎？

關於收、付定金，大家可能不陌生，但是萬一出了問題，定金怎麼處理、能不能拿回來，這反而是一般人不知道的。依照《民法》第二四九條規定：

一、如果是房東反悔的情況，房客可以要求「加倍」返還定金。

二、如果是房客反悔，房東則可以直接沒收定金，作為對方反悔的補償。

三、如果是雙方有共識不想簽約（例如：房東臨時想收回自住，房客也覺得還想再多走馬看花），或是房子失火、倒塌，這種不能責怪雙方導致不能出租的事實發生，這個時候房東應該返還定金，雙方互不相欠。

若在付了定金以後，房東與房客之間就租約內容怎麼樣都喬不攏，最後覺得彼此不適合，這也屬於雙方有共識的情況，房東應該返還定金，不能扣著說：「喬不好都是因為你！」而扣著定金不還。

## ●定金只是最基本的擔保

定金只是第一層擔保，確保雙方能夠繼續走到簽約完畢。有時即使已收、付了定金，房東或房客還是有可能會反悔，所以定金的另一個意涵是「反悔成本的確定」：房東如果找到更好的房客或是不想出租了，可能得承擔加倍的定金補償，房東就要好好思量新的房客值不值得、是不是要反悔；房客如果找到更好的房子，也要考慮值不值得用定金來買一個自由，追求新歡房屋。

## 在租屋合約裡，特別要注意這些條款

現在書局、超商都有賣租賃契約範本，內政部也印了一份詳細版的租賃契約範本，供大家使用，內容大同小異。以下這些條款涉及常見的租屋紛爭，在簽約前要多注意：

### ●租金、水電、管理、清潔負擔

你繳的租金到底含不含水電管理費？還有，要記得「何時付」，月初還是月底。

另外，多人合租時「誰來付」也要小心，以免明明是一群人一起住，但最後只有你當冤大頭背負債務。

## ●押金

押金就是一種擔保、抵押，你先放一筆錢在房東那裡，日後出問題要賠償時，房東可以直接從押金扣。

這裡要特別注意，押金的上限是有法律規定的，依《土地法》第九十九條，**不能超過兩個月的房租**。若房東超收，房客可以要求拿來抵繳房租。

## ●房屋內附

這反而是一般範本不會寫出來的。有些房東會附贈家具或電器，建議在簽約時就點交清楚，確認自己租了哪些東西，以及物品的狀態，在租賃契約上列出物品清單，日後需要修繕或退租點交時，才能確認，也可以避免損害賠償的爭議。

## ●東西壞了，誰來修？

依《民法》第四二九條，除非另有約定，否則應該由房東負責修繕。如經房客告知房東說請在一定時間內修繕完畢，但房東仍不修繕，房客可以終止租約，或者自己請工人修繕，再請房東償還修繕費用。

這個房東的修繕義務，內政部的範本有寫，但市售的紅色租賃契約書則不一定。雖然沒寫就是「依法處理」，但是建議雙方在簽約時就寫入契約，省得日後起爭執。**若不知道怎麼寫，可以直接參考內政部範本裡的條款。**

## ●怎麼終止租約

在簽約時，也要好好想想要退租時怎麼結束。很多情況是入住了才發現不適合，但既然簽了約，除非雙方對於不續租能達成共識，否則不能拍拍屁股，直接走人。市售的租賃契約書範本通常是這樣規定的：

一、若有人違反契約的任何內容，房東可以隨時解約。

二、解約需要提前一個月通知，並支付相當一個月房租的違約金。

如果你覺得這樣的條件太嚴格或太寬鬆，別忘了和對方協商更合理的條件。

## 大家來思考

從簽約前的身分確認到支付定金，都不是簡單的事情，可能會給你帶來一些麻煩。但租屋是一件大事，能做愈多的事前保障，一旦出問題時就愈好處理。建議大家衡量自己的身分、經濟能力（學生族、上班族還是家庭），以及你的住期（短期租賃，還是打算久住），決定你要做到多少事前功夫，來保障自己。

# 承租與退租，如何好聚，也好散？

當房客搬入租屋後，就是房東與房客「兩人世界」的開始，只不過，純情房東與俏房客之間，時常發生的不是愛情的火花，而是戰爭的火藥。

「張先生，你房子的天花板會漏水，已經通知你了，你怎麼都不來修？」

「陳小姐，我放在屋子裡的那些家具，你怎麼沒有好好愛護，東缺一角、西破一塊呢？」

在租賃期間，房東與房客之間的進與退，彼此互負怎麼樣的權利義務，就用幾個最常發生的紛爭來解釋吧。

雷律師釋疑

## 東西壞了，誰應該負責？誰應該修繕？

依照《民法》第四二九條，除非在簽約時另有約定，否則應該由房東負責租屋內容的修繕義務。依照內政部的規定，這也是目前租賃契約中應記載的事項，**一定要寫在契約裡**，如果你在簽約時發現少了這一條，可以向對方要求更正。

所以，如果熱水器不熱了、馬桶不通、燈管不亮等等，原則上房東有責任處理這些問題。但如果房東、房客之間，想要約定由房客自己負責日常生活用品的修繕義務，這也是合法的，可是建議要在契約內寫清楚，以避免麻煩。

真正住在屋子裡的是房客，屋主雖然有責任，但如果拖個十天半個月，對房客來講也是一大損失，**萬一是漏水、停水、停電等問題，那更是嚴重影響生活品質。實務上最麻煩的問題是：該由誰來修？房客可不可以自己找師傅處理？維修費用可不可以由房客先墊？**

## 一、房客可以自己修

原則上，既然是房東有責任，就應該由房東負責修繕，房客依法有權利要求房東履行他的責任。

但是，若房東太忙碌不便處理（例如：房子在台北，但房東住在國外），或是遇到惡質房東不願處理，依照《民法》第四三〇條，只要房客曾請求修繕，但房東卻仍不前往維修，房客可以自己先墊錢找人修，之後再跟房東要這筆費用，或是直接從下個月的房租中扣除。

對於一些租屋的重大問題，選擇自己先墊錢，再從下個月租金中扣除，是一個比較有效率的方法。

## 二、房客可以拒付租金

若房客認為這明明是房東的責任，不想替房東擦屁股，在法律上，也可以選擇主張「同時履行抗辯權」。

同時履行抗辯，意思是「你不做好你該做的事，那我也不要做」。以租房子來說，房客能主張「你不修好房子，我就不付租金」，藉由拒付租金，逼迫房東出面解決。

## 三、房客可以退租

最激烈的手段是：房客可以直接退租。依照《民法》第四三〇條，如果房客已經催告房東進行修繕，房東卻遲遲沒有動作，房客覺得「是可忍，孰不可忍」，可以選擇直接終止契約，拍拍屁股走人。

但是，若房客在租賃期間曾發生任何毀損或未繳清的債務，還是得進行賠償。

當然，**若東西是房客自己弄壞的，就是由房客自己負擔維修的責任，房東無須負責，還可以向房客請求損害賠償。**還記得簽約時先收的押金嗎？房東可以從這裡面扣掉賠償費用，不用再等著對方匯款或是去提告、打訴訟，省時也省力，等到房客退租時，只需要返還剩餘的押金就好。

## 房東可以隨便闖入我跟他租的房子嗎？

租賃在法律上的意義，是把「使用權」在一段期間內賣給別人。所以，一旦租賃期間開始，房東雖然是「屋主」，有權買賣、抵押來處分他的財產，但並不是房屋的「使用人」，**不能任意使用、進出已經租出去的房子。**

實務上，有不少判決是房東趁房客不在時私自開門進入，而被房客提告的。例如，房東表示：「是因為房客都不繳房租，我才進去的啊！」（參見「台中地方法院一〇五年度易字第七九九號判決」）。

在另一個案例中，房東則表示：「因為租期已經到了，但房客不肯搬家，我進去把房子清空，是合理行使我的權利。」（參見「新北地方法院一〇四年度易字第一七九六號判決」）。

但很可惜，這些在法律上都不是足以免責的理由。在這類的案子裡，法院會認為依照法律，房東透過訴訟後再進行強制執行，才是合法的，就算房客理虧，但如果是不經法律程序而動用私力解決紛爭，就是不合法。因此這些擅闖房屋的房東，被法院根據《刑法》第三〇六條「侵入住居罪」判了刑。

如果要避免發生這種情況，**建議雙方在簽約時，就要在契約中寫清楚「房東可不可以自由進出房屋，或是在特定時間才能進出房屋」**，減少未來發生爭議的可能，這不只是保護房東的權益，也是避免房客的居住空間被擅自入侵。

## 其他房客抽菸、很吵、養狗，生活環境與合約不符，怎麼辦？

這種情況，我以前念書的時候，在外租房子也遇過。找房子時，看起來都很棒，喜孜孜地入住了，沒想到，看屋時明明說「本棟禁菸」，在窗邊讀書時，卻從窗外飄來陣陣菸味，還在走廊上撿到香菸盒。說好的禁菸呢？又或者房東說：「這裡的環境很安靜，附近鄰居都是安養生息型。」結果住進去以後沒多久，室內裝潢聲此起彼落，又或是某戶鄰居馬力全開地在看電視上的摔角比賽，讓人有如親臨現場。

### ●只能自己與房東協調、溝通

這些情況，基本上都屬於契約自治的範圍，也就是說，你只能自己與房東協調、溝通。除非你們在契約內，對於這些生活環境有很明確的約定，例如契約內寫著：「本棟禁菸」，或者是「附近噪音低於××分貝」，你才有可能進一步主張對方有違約，或依照《民法》第八十八條所講的「因錯誤而締約」來解除契約。

但實際上根本不會這樣子簽約，因此，面對這些問題，房客很難向房東主張權利，要求他一定得解決這些味道、噪音的問題。

如果是合租型的房屋，也許房客還能要求房東去對其他房客施壓，請他處理違約房客的問題，讓那些違反契約約定的房客退租；但如果是獨立門戶的租賃契約，房東就沒有責任、也沒有能力去替房客解決與鄰居之間的紛爭了。

面對這種情況，除了透過私人間的溝通、協商，來減輕這些影響生活的困擾外，可能就得從那些抽菸、吵鬧的鄰居是否違反了《菸害防制法》、《噪音管制法》的規定，來舉發處理了。

# 租有管委會的房子，會更方便嗎？

古早以前沒有高樓大廈，只有老老的平房、三合院，鄰居住得不近，但感情熱絡。如今大樓興起，大家住在市中心的集合式住宅，一戶一戶比鄰而居，然而明明每天上、下樓都躲不過打照面的鄰居，彼此間卻似乎更陌生，甚至連隔壁鄰居姓什麼都不曉得。

住在大樓裡，常因為住戶之間的生活空間重疊共用，而產生摩擦。社區式住宅及大樓、公寓大廈，設有管理委員會，但管委會往往人多嘴雜，有時不僅無法協助解決紛爭，甚至自己就是糾紛的源頭。

在此舉幾個最常處理的公寓大廈紛爭案例，當你萬一碰到問題時，不會覺得使不上力，同時還能進一步地知道怎麼捍衛自己的權利。

**雷律師釋疑**

## 管委會圖利自己，亂花公基金

這是一位張先生寄來的諮詢信，他遇到的狀況其實很常見。

雷律師，您好：

敝姓張。我住的大樓社區中，有不少公共設備提供給住戶使用。但令我很不解的是，為何公共區域的這些設施總是在報修、維修，甚至器材剛買沒多久，管委會就公告說壞掉了，立刻又買了全新的一套。

如果是為了我們住戶的安全或福利而更新設施，那我沒話說，管理費繳得心服口服。可是我總覺得不對勁，如果這些更新並不是出於善意，而是私利，那我們每個月繳的管理費不就是丟進水溝？我曾多次向管委會詢問財務收支狀況，要求查閱會計帳簿等文件，希望管委會能夠給個清楚的答案，告訴我們住戶，那些器材是出了什麼瑕疵，廠商有沒有在負責，可是都被管委會拒絕，碰了一鼻子灰。

請問我們住戶可以怎麼做呢？

## ●管委會應主動公布財務資料

根據《公寓大廈管理條例》第二十條規定：「管理負責人或管理委員會應定期將公共基金或區分所有權人、住戶應分擔或其他應負擔費用之收支、保管及運用情形公告……」

因此**依照法規，管委會應該要主動公告所有財務狀況**才對，像張先生這種還需要自己去要求提供的情況，是跟法規衝突的。如果管委會不提供這些財務狀況的相關資訊，張先生可以向主管機關投訴，藉由政府單位的施壓，讓管委會乖乖地執行職務。

## ●房客也是社區的住戶

不過，這個回答似乎沒讓張先生放下心中的大石。再仔細地追問，他才坦白自己其實並不是房子的所有權人，而是向屋主承租的房客，因此他擔心自己不算是社區的「住戶」，無法受到《公寓大廈管理條例》的保護。

但其實這是多慮了，因為《公寓大廈管理條例》裡的「住戶」，依照此條例的第三條內容，是包括承租人的。因此，**只要你是住在社區裡的人，就是社區的一分子，與屋主受相同的保護。**

而且，這項條例的第三十五條規定：「利害關係人於必要時，得請求閱覽或影印規約、公共基金餘額、會計憑證、會計帳簿、財務報表、欠繳公共基金與應分攤或其他應負擔費用情形、管理委員會會議紀錄及前條會議紀錄，管理負責人或管理委員會不得拒絕。」既然張先生是社區裡的承租人，有利害關係，也可以依照這一條規定，主動索取財務資料，管委會不可以拒絕。

## ●管委會不負責，住戶可以求償

實務上遇到很多案例，像張先生一樣遇到管委會濫用職權、浪費公基金。在這種情況，其實可以嘗試主張管委會違背職責，在訴訟中要求他們負責的喔！

一〇四年，台灣高等法院舉辦了一場座談會，會中提出：社區管委會是「受託人」，而委託人就是社區居民。因此，如果管委會沒有善盡職責，導致公基金不合理地減少，住戶是可以要求管委會負擔賠償責任的。

而且，如果可以證明管委會真的是惡意虧空資產、圖利自己，更可能構成《民法》

第一八四條的「侵權行為」，甚至觸犯《刑法》第三四二條的「背信罪」，住戶也能向其索取賠償。

## 樓上漏水，樓下接水，到底誰要負責？

住大樓不像住獨棟的透天厝，你想裝潢就裝潢，想打牆就打牆。上、下、左、右，都是鄰居，隨便打穿牆壁，可不只是你自家的事情。也因此，如果遇上牆壁、天花板內漏水或是有其他的管線問題，事情就麻煩了——牆不能隨便打，可是問題還是得解決，這時候是誰該處理呢？

依照《公寓大廈管理條例》第十二條規定，**只要是共同壁、上下樓地板的管線問題，就由雙方一起負責**，解決住戶紛爭。

例如：二樓住戶發現天花板有滲水，經過調查，確定是天花板內的管線問題，必須打掉天花板才能進行維修，那麼這筆維修費用就由二、三樓的住戶一起分擔。

同樣的道理，如果管線是在左右鄰居之間的牆壁，那麼就由左右鄰居共同分擔維修費用。這樣的分配方法比較公平，理由是在於：共用的地方，就應該由大家一起承擔。

但是，如果能夠證明是由某一戶自己的行為造成的（比如：因裝潢、施工而破壞了牆面及牆內的管線），依照同一條的規定，另一戶就不需要幫忙分擔。

從這個角度來看，若是屋頂或其他共用部分出問題，由於這些地方是所有住戶都可以使用的，就應該一起承擔這筆開支，因此，依照《公寓大廈管理條例》第十條，就由大家按持分比例或以公基金來付修繕費用。至於負責維修的人，就是你們的管委會囉！

## 租來的汽車停車位，能不能隨意停機車、堆放雜物？

停機車、擺紙箱，甚至是放棺材……社區大廈的停車位什麼都能放，什麼都不稀奇，反正是自己的位置嘛。但照理說，停車位應該是拿來停車的，放別的東西就是不對——可是不對在哪裡，好像又說不太出來。

不過從法律來看，依照你租到的停車位是「法定停車空間」、「自行增設停車空間」，還是「獎勵增設停車空間」，會影響你能不能隨意放置物品。建商在法律容許範圍內增設的停車位，屬於「自行增設停車位」；如果是依照各地政府頒布的獎勵要點增設的停車位，屬於「獎勵增設停車位」。若你租到的是自行增設或獎勵增設的停車位，依據車位使用上、空間上有沒有獨立性，建商就有可能以「專有部分」進行登記。

## ●法定停車空間，不能任意使用

如果你租到的車位屬於法定停車空間，基本上會被登記為建築的「共有部分」。既然是共有，一旦管委會開會、訂出規約來限制共有財產的使用，住戶就有遵守對於公共空間使用規範的義務。承租人既然也是住戶，就應該遵守管委會的決定來使用停車位。

## ●增設停車空間，「專有部分」隨你用

如果你租到的是增設停車位，依據車位使用上、空間上有沒有獨立性，建商就有可能以「專有部分」進行登記。

依照《公寓大廈管理條例》第四條的規定，「區分所有權人除法律另有限制外，對其專有部分，得自由使用、收益、處分，並排除他人干涉」，如果停車位被登記為「專有部分」，所有權人可以任意使用自己的專有部分財產，就算是管委會也不能說嘴。這時，向房東一併租下車位的你，才有可能主張它是「自己一個人單獨享有的財產」，別人不能干涉你想放紙箱、停機車或其他任何東西。

## ●快篩自己的車位屬性：看權狀有幾份

若單看權狀，不容易分辨車位是哪一種屬性。權狀上不一定會把車位的性質寫出來，這可能要看到建物的使用執照或竣工圖才能知道。

不過，有個快篩的方式可以試試看：看權狀有幾份。

如果房子與停車位分別有自己的權狀，那麼這個車位八九不離十是「增設停車位」，因為車位與房子是兩個分開的所有權，這個停車位就是「專有部分」，可以任意使用，別人管不著。

反過來說，若房子和停車位登記在同一張權狀上，並註記車位為房子的共有部分，也就是登記成共有，這在使用上會受到規約限制。

身為房客的你，租車位的時候，別忘了一併向房東索取權狀看一看，確認自己的車位屬性，才能知道自己能不能任意使用租到的車位！

但是，在使用你專用停車位的時候，還是要注意《公寓大廈管理條例》第五條規定喔！依照這一條的規定，專有部分的使用不能影響建物「正常使用」或「住戶共同利益」，實務上也有判決認為，在這個部分還是有規約介入的空間。因此，像擺棺材這種極端做法很可能構成違反住戶利益，而遭到限制。

所以，記得權利的正當行使，仍以不能影響到他人為前提。

# 租到凶宅該怎麼辦？

「凶宅」，在大眾的眼裡，可能只會激起好奇心，變成八卦的話題，明明心裡怕，可是又想知道發生什麼事。但是在屋主、房客和投資客的眼中，「凶宅」這兩個字，等於是不動產的「死刑」代名詞。

如果你好不容易租到的房子竟然是凶宅，該怎麼辦？

## 雷律師釋疑

### 什麼是法律定義上的凶宅？

內政部針對不動產交易，有特別規定一個「不動產說明書應記載及不得記載事項」，其中就有一項是這樣子寫的：「建物（專有部分）於產權持有期間是否曾發生兇殺、自殺、一氧化碳中毒或其他非自然死亡之情形，若有，應敘明。」

我們可以從這一條規定，看出法律上的凶宅定義是指：

一、發生兇殺、自殺、一氧化碳中毒及其他「非自然死亡」事件。

二、發生在建築物的「專有部分」。

三、發生在「產權持有期間」。

**這三點「同時」構成的時候，賣方就有義務告知：**「不好意思，這間房曾經發生非自然死亡事件。」

但反過來說，如果發生了非自然死亡事件，但並不是發生在建物的專有部分，而是庭院、頂樓或其他共有部分，那麼你身為屋主，就不需要把自己的房子當作凶宅，並告知對方。

又或者，若該棟房屋確實發生了非自然死亡事件，但並不是在你持有產權的期間發生的，而是前手、前前手發生的事情，你就也不用特地把這件事告知對方。

## 在住屋旁的防火巷內，有人過世，算不算凶宅？

曾經有一則新聞：一名男子跳樓而墜落在防火巷內，附近的居民發現後趕快報警、叫救護車，醫護人員到現場後，也急忙想要找尋墜樓的男子，但是通往事發現場，需要經過某個居民的房屋內門。醫護人員提出要求，希望屋主能夠打開家門，讓他們借道通過以拯救墜樓男子的性命，但屋主拒絕了，因為他擔心萬一人已經死了，或者在運送途中就離開人世，不就讓他的房子變成了凶宅。

讓我們用剛剛學到的凶宅知識，來看看這則新聞。

這個墜樓的男子所墜落的防火巷，如果不是該屋主所有權範圍內，也就是不是房屋的「專有部分」，因此，就算墜樓的男子不幸死亡，也不會讓屋主的房屋變成所謂的「凶宅」，如果屋主之後想要交易房屋，無論賣房或出租，都不需要再特別告知先前有人跳樓的事情。

因此，這位屋主的想法似乎是多慮了。

## 房東故意不告知是凶宅，房客該怎麼辦？

如果你尋尋覓覓租到了房子，卻在住進去以後才發現其實是凶宅，房東故意不告訴你，騙你住進去，該怎麼辦呢？

過去發生過一個類似的案件：房客付了四萬元押金，還提前付了兩個月的租金。沒想到住進去一個月以後，才從附近的鄰居得知自己租的屋子裡，曾有人上吊自殺。房客聯絡房東，房東卻置之不理，一直到收到房客寄的存證信函，被起訴以後還不認錯，主張：「凶宅只有買賣才要告知啊！我是出租房子，又不是買賣，我不用告知。」

這種說法看似合理，但法院可是不買帳的。

《民法》第八十八條有規定，**在當事人沒有過失的前提之下，如果當事人「早知如此，就不會這麼做」，可以選擇撤銷契約**。

這個案件的法院認為，根據台灣的民間習俗，房屋內只要有人自殺或是非自然死亡，一般人都會避之唯恐不及，假如有別的選擇，沒人會想要住在凶宅裡。因此，自己租的房子到底是不是凶宅，會嚴重影響到房客承租的意願。這個案子的當事人（房客）如果早知道房子是凶宅，很有可能就不會決定租下來。出租人（房東）故意有所隱瞞，導致當事人基於錯誤事實做決定，身為房客的當事人可以選擇撤銷契約，將房子退租。

從這個案件，我們可以知道，假如你租到的屋子是凶宅，並且是因為房東故意隱瞞而承租的話，你就可以主張撤銷契約。一旦契約撤銷，退租了，依照《民法》第一七九條，你就可以向房東請求返還之前付過的租金與押金，讓他把一切都還來，再搬離凶宅。

## 大家來思考

台灣的法律，在「凶宅」的問題上面其實相當保護人民，不管你是買賣或租賃，對方都應該要告知。當然，這個意思不是說「凶宅」就該死、一輩子空著，法律的要求是讓人民「基於正確的資訊做決定」，也許有人不信鬼神，也許有人喜歡凶宅，但無論如何，都應該在「事前認知」的情況下，讓人做決定。

# 第四章

# 婚姻

「婚姻」是許多人生命裡的一件大事，因為是大事，一旦婚姻爭議到了鬧上法院的地步，大家往往願意花上萬把塊找律師（占了法院處理婚姻紛爭的百分之七十一。其他民事案件中，找律師的只有大約百分之三十七）。

但依實際案件數量來看，以一〇六年為例，整年的離婚訴訟案件也不過才兩千五百件。

再從另外一種數據來看，以台灣每年離婚的配偶數和離婚訴訟案件量推算，為了離婚這檔事走到法院的，其實在所有離婚數量中不到百分之三。

可見關於婚姻的問題，大家還是有不少法律的需求，但是出於種種原因而不一定會搬上檯面。

身為律師，我能做的就是多和大家說說婚姻在法律上的眉眉角角，萬一自己或身邊的朋友遇到了，能夠處理得好一些些，散買賣，不散交情。

# 訂婚的聘金，一定要一次給一大筆錢嗎？

在現代人的婚姻裡，「聘金」還是不可少的禮俗。古早時把聘金當作是嫁女兒的補償，或是勞動力的替換。雖然現代已經不會把聘金的意義當作這麼現實的等價交換，但基於尊重傳統文化，不少家庭在聯姻時還是會遵守這個規矩，就當是遵循古法與禮數。

然而，有的人直到結婚的前一刻，才發現結婚是個錯誤的決定，決定懸崖勒馬，不少新聞報導也提到一些準新人在解除婚約之後，男方開始條列各種款項，例如：婚紗、婚宴、聘金等支出，認為對方既然不願意結婚了，就應該把這些錢還來。

婚宴和婚紗的費用，有時是準新人雙方一起攤的，可是聘金是男方單向付給女方家，所以這裡要談的是：

**在法律上，訂婚時付出去的聘金到底該怎麼處理？能夠向女方討回來嗎？**

雷律師釋疑

## 解除婚約者，可以請對方還聘金

由於退還聘金的糾紛在台灣實在太常見了，《民法》特別訂了一條法令來處理這個問題。依照《民法》第九七九條之一規定，只要是為了訂定婚約所做的贈與，若事後發現婚約無效、解除或是被撤銷，都可以請求他方返還。

聘金就是一種因訂婚所給的贈與，因此，若雙方在之後沒有圓滿走到結婚的那一步，可以要對方還回聘金。

實務上，也出現過一些請求返還聘金的訴訟案，例如這個判例：小倆口訂了婚，再兩天就要辦婚禮了，此時，準新娘要求未婚夫另外包兩個紅包給準岳父、準岳母，認為這樣才合禮數，結果雙方的父母因此而互生嫌隙，更延燒到這對準新人，演變成兩家水火不容的情況，最後，男方到法院打訴訟來解除婚約，並請求女方返還共計三十六萬元的聘金（參見「台灣高等法院台中分院一〇五年度家上易字第八號判決」）。

## ●分次給，也能算聘金？

**有些人可能以為一定得一次給一大筆錢，才叫聘金。但是法院的判斷可不見得喔！就算是分期給付，只要是基於訂定婚約的贈與，都能算是聘金，都能請求對方還給你。**

有一個案例中的兩位當事人訂了婚，從那一天起，男方每隔幾日就匯千元、萬元不等的款項給女方，更額外資助三十萬元給女方開設服飾店。但是女方在訂婚後，仍然與其他異性有曖昧的往來，更不避諱地在社群軟體上發文、互動，男方發現後感到心死，決定放棄。雖然這個案件中，男方並不像一般婚姻是一次給足聘金，但法院仍承認這樣子分筆贈與的款項可以視作聘金，而不是一般談戀愛時的贈與，因此判准返還（參見「台中地院一〇六年度家訴字第一四七號判決」）。

## ●動產、不動產，也能算聘金

而且，法條並沒有規定只有「現金」可以返還，只要是為了訂定婚約而做的贈與，就算是動產、不動產也可以請求返還。

就像這個案子：男女雙方原本有婚約，後來協議分手。在這個案件中比較特別的是，男方請求返還的不是現金，而是「不動產」，他主張自己當初是因訂了婚約，才願意將名下的不動產轉讓給對方。女方在訴訟過程中本來想否認，認為雙方根本就沒有訂婚，房子只是男方在追求時自願給的贈與。但法官調查事實後發現，雙方連婚紗照都拍了，更裝訂成冊，一般人在沒有訂定婚約的情況下，不會輕易地找人拍婚紗照，因此認為女方的說詞不可採信，判准了男方的訴訟，要求女方把房子還給他（參見「台灣高等法院一〇五年度上易字第三號判決」）。

## 被解除婚約者，可要求「損害賠償」

通常在請求返還聘金的時候，還會牽涉到另一個問題：被解除婚約的人要求「損害賠償」。

雖然不比結婚，但訂婚也是一件大事，不僅牽涉到兩個人的生活，更影響兩個家庭，擅自解除婚約，其實都大大影響了對方的生活，以及為了婚姻所做的支出、準備。

因此，《民法》第九七七條、第九七八條規定，被解除婚約的人，可以向對方請求財產上的損害賠償，包括：**訂婚喜餅盒、新娘化妝費、禮車、婚紗、攝影、喜宴……**都是法院准許的損害賠償內容。

不過要注意，賠償請求區分為兩類：一類是「合法」解除婚約，一類是「違法」解除婚約，這兩類的賠償難度、條件都不一樣。

## ●第一類：合法解除婚約

《民法》第九七七條規定，在符合「法定事由」的情況下解除婚約，「無過失」的一方可以向「有過失」的對方請求賠償。關於法定事由的規定放在《民法》第九七六條，包含了重複訂定婚約、故意違反婚期、生死不明、重大不治之症等。

但若雙方都沒有過失，是彼此合意解除婚約，就不能請求賠償。

## ●第二類：違法解除婚約

《民法》第九七八條規定，若對方在不符合法定事由的情況下，仍然違反婚約、擅自毀婚，做了落跑新娘（新郎），就可以向對方請求賠償。

如果你在婚約解除這件事情上沒有過失，還可以依照《民法》第九七九條規定，請求對方負擔「精神賠償」。

這筆精神賠償，能賠到多少呢？

在一個案例中，法院的判決認為婚姻為人生大事，並非兒戲，訂婚後，若非真有不能共營婚姻生活的重大事情發生，雙方就應該忠誠履行婚約，否則不僅造成相關財物的損失，更是造成遭背棄一方心靈、情感的重大打擊與傷害。根據雙方的職業、所得、交往時間，以及精神上的痛苦程度，最後法院判賠了三十萬元的精神賠償，金額並不低（參考「士林地院一〇五年度家訴字第三十三號判決」）。

## 離婚時，別想再拿回聘金了？

有些人在離婚時會想算總帳，除了要贍養費，更想把曾給過的一切都討回來。但，如果你想拿回的是聘金，請趁早打消念頭。

在法律上，聘金算是一種「附條件的贈與」，這個條件就是「履行婚約」。

依照《民法》第四一二條規定，附條件的贈與是指：若受贈的人沒有履行條件，贈與人確實是可以撤銷贈與，請求對方歸還的。

但是，當贈與的是聘金時，對方都跟你結了婚，就代表對方已經履行了贈與所附帶的條件，因此就不構成撤銷贈與的事由。對方收受聘金就有法律上的原因，你不能再叫對方把錢還給你。

## 大家來思考

在我們的傳統中，聘金代表的是一種禮數，有些人基於尊重，可能不好意思向對方家長把聘金要回來，怕落人口實說自己「小氣」；更有可能是基於面子問題，而不願請求對方還回聘金。

但是聘金終歸不是一筆小錢，而且若要斷得一乾二淨，最好還是彼此互不相欠比較好，以免在日後又成為雙方爭執的導火線。

如果訂婚的雙方都是明理人，同意自願返還，那是最好；但如果碰上吝嗇又難搞的對象，透過訴訟程序來討回公道，也是一種辦法。

# 結了婚，老公、老婆有什麼權利和義務？

月黑風高的夜晚是打手遊的好天氣，一如往常地打開手機，想好好放鬆一下作為一日奔波的完美ending，誰知正在酣戰時，有人打電話進來，原本的遊戲畫面被來電顯示強制屏蔽，正想著等等要怎麼跟隊友們解釋我豬隊友般的白痴中離行為，嘴巴已經忍不住偷咒罵了幾句，畢竟他們都在等我罩一波啊！

看了看來電顯示，原來是好久沒有聯絡的高中好友小波，以前考試壓力大的時候都跟他一起衝球場打球。好啦，為了他，被隊友譙完全值得。我接起電話，電話那頭傳來充滿疑惑與煩惱的語氣。

「阿雷啊，你覺得我應該要跟現在的女友結婚嗎？我們在一起也七、八年了，一直都滿穩定的。近幾年開始，一直被長輩們催婚，但我跟我女友都覺得即使結了婚，生活應該也和現在差不多，既然我們現在很穩定，好像也沒有結婚的必要。不過，我最近聽說結婚變成夫妻以後，在法律上會有一些新的權利跟義務，這樣是不是結婚比較好啊？」

這樣的疑問，對到了適婚年齡的朋友們來說再常見不過。其實在結婚後會衍生出的新的權利、義務還真不少，已婚、未婚雖然只是一紙之隔，但很多時候，差一點卻差很多。所以與婚姻這件終身大事有關的權利與義務，需要說清楚、講明白。

## 雷律師釋疑

### 婚姻帶來了哪些新的權利與義務？

因為結婚而產生新的法律上的權利和義務，在《民法》裡，可以分為「身分關係所生的權利義務」與「財產關係所生的權利義務」。

## ●與「身分」有關的權利與義務

《民法》（以下同）第一〇〇〇條規定夫妻之間「稱姓」，簡單來說就是冠妻／夫姓的權利。不過在講究兩性平等的現代，應該沒有太多人這麼做，所以法律也只規定婚後若要冠配偶的姓氏，可以用書面約定並向戶政事務所登記；冠姓的一方如果反悔，也可以隨時取消。

此外，第一〇〇一條規定夫妻之間有「同居」義務。至於要以哪裡作為同居住所，根據第一〇〇二條，由夫妻雙方共同協議決定。

## ●與「財產」有關的權利與義務

第一〇〇三條與第一〇〇三條之一明定，夫妻各是雙方在「日常家務上的代理人」，而且「家庭生活費用」按照各自的經濟能力、家事勞動情形分擔。另外，也要依第一〇〇四條、一〇四一條的規定，選擇一種「夫妻財產制」，來處理婚後共同生活的財產問題。

## 同居義務需要注意什麼？

前面提到《民法》第一〇〇一條有規定，除非有正當理由，否則夫妻之間有同居的義務。

目前法院認定可以「不同居」的正當理由，包括：受不了同居人的虐待、雙方的教育背景與思想差異太大，導致不能維繫和諧的家庭生活等情形，不過，這些構成「正當理由」的情形，在法院的判決裡仍算少數，絕大部分情形的夫妻都是有義務同居的。

若你的配偶不同居，你可以向法院提起訴訟，請求對方履行同居義務。若對方還是不願同居，就構成了《民法》第一〇五二條第一項第五款的離婚事由，可以訴請離婚。

### ●離家出走的一方，可能收不到法院寄的信

另外有個小提醒：假設你離家出走，當配偶提起請求履行同居義務訴訟後，法院會把相關的訴訟文書寄到你的住所；**如果夫妻雙方沒有約定住所，法院在開庭前，會直接把共同戶籍地推定成住所。**

這樣就會發生一個悲劇：離家出走的你，永遠都收不到那封來自法院的信，因為

它被寄到了那個你怎麼樣也不想回的家，所以不知道被另一半提告的你，最後因為沒去開庭，而被法院做出對自己不利的判決，損害到自己的訴訟利益。

因此，因為夫妻感情不睦而離家出走的一方，記得在離家後要去戶政市務所遷戶口，變更地址，以免收不到重要的訴訟文書。

## 日常家務的代理範圍有多廣？

《民法》第一〇〇三條規定夫妻可以做對方的「代理人」，也就是說，先生／太太可以對外代表另一半做某些事，法律承認效果就跟另一半自己做是一樣的。不過，這只限於「日常家務」事項，也就是一般家庭在日常中會發生的尋常事情，比如：先生代太太從戶頭領錢買了一台新洗衣機，或者太太幫先生簽收包裹等。

如果是超出日常範圍的事情，例如：代配偶簽和解契約、幫配偶把房子拿去抵押貸款、代配偶簽本票、代替配偶賣房子等，會被法院解釋為無效的代理行為。

## 家庭生活費用怎麼付？

夫妻之間一定會在某個程度上分攤家庭的支出，因此法律針對「家庭生活費用」也有規定，依照夫妻各自的經濟能力、付出的家庭勞動，來分配支付的比例。

要注意的是，在對外支付費用上，夫妻雙方有「連帶責任」，也就是說你與配偶是一體的，找你就等於找你的配偶。即使你已經付清了自己依法應負責的比例，但是配偶沒付清，當人家來討錢時，你還是得先幫配偶付他的那一筆，回家再找他算帳。

### 大家來思考

結婚後，確實與單身時大不同，除了踏進大家俗稱的「愛情墳墓」之外，也會得到許多新的法律權利與義務。如果你也到了被催婚的年紀，像結婚這樣的終身大事，還是先充分了解權利、義務，再做決定，即使日後有曲終人散的結局，也可以因為事先有講清楚、說明白，舉證也更方便，讓大家更好聚好散。

# 受家暴了！保護令要怎麼聲請？

俗話說：家醜不外揚。在傳統的社會氣氛下，無論是家醜或家裡發生的任何紛爭，甚至暴力事件，許多人往往不願讓外人知道，導致被害人孤立無援，難以對外訴苦或尋求保護，留下了肉體上，甚至精神上一輩子的傷痛。

也因此，當我們在新聞上看到家庭糾紛，家庭成員之間大打出手，痛毆的痛毆，甚至還有當著孩子的面持刀砍傷配偶，往往都是在已經藏不住的情況下，才會浮出檯面。

**雷律師釋疑**

## 罵配偶三字經，也算家暴

「家庭暴力」不只對肉體上的傷害、虐待或毒打，依照《家庭暴力防治法》第二條的定義，**除了身體上的傷害，也包含精神上的騷擾、控制，或是利用經濟能力所做的脅迫或其他不法行為，這些都算是家庭暴力。**

例如：基隆曾經有一個案件，妻子喜歡喝酒，酒後卻無法控制自己的行為，時常喝醉了便痛罵自己的丈夫三字經、五字經，而且一罵就是好幾個小時。這種言語上的汙辱、精神上的壓迫，也屬於家暴。

## 你一定要弄懂的「保護令」

### ●誰可以聲請？

面對家庭暴力，如果家庭成員間經過溝通、協調後，仍然沒有辦法解決，就應該適時地尋求外力幫助，聲請「保護令」來保護自己。

基本上，**向居住地或暴力事件發生地附近的法院聲請就可以了。如果先前就曾因家暴事件報警或是通報社工，也可以請他們替你聲請。**

不管是有血緣關係的「親人」、有婚姻關係的「配偶」，或者是沒有法律上關係的「同居人」，當家暴事件再次發生時，都可以依照《家庭暴力防治法》聲請保護令。**就算沒有同居關係，如果是恐怖情人對你進行騷擾、虐待，你也一樣可以聲請。**

除了家庭暴力的受害者可以聲請保護令以外，如果你是受害者的法定代理人，或者是三親等內的親人（姻親或血親），依《家庭暴力防治法》第十條，也可以代替他們去聲請。比如說你發現侄子被他的爸媽傷害、虐待，但他年紀小不懂事，不知如何保護自己，又不敢開口尋求協助，身為叔叔或姑姑的你，就可以去幫忙聲請保護令。

## ●「通常保護令」：一般情況下，需要開庭

一般情況下，可以聲請「通常保護令」，需要準備書面資料，向法院遞狀。在這份書面資料中，要把相關的證據和資料準備好，告訴法官：家暴事件發生在幾年幾月，

誰受了怎樣的傷害，誰能夠證明這些事情等，整理一下暴力事件的背景事實。之後在開庭審理時，法院才知道確實有此事發生，可以加快保護令的審理與核發。

● 「緊急保護令」：危急狀況時，迅速核發

若情況危急，就不要管那麼多了！你應該**趕緊報案，並要求檢察官、警察或通報的社工替你聲請「緊急保護令」**。這種保護令的重點就在「迅速核發」，所以不用先遞交書面資料，法院在受理後四小時內就會核發，不一定需要先開庭才會給你保護令。

## 具有持續性與危險性

家家有本難念的經，家庭暴力也是一樣的，有些人是手段粗暴，有些人是精神壓迫。因此，**「到底怎樣的情況才足以聲請保護令呢？」**這反而是當事人最常問的問題。

我也很想給個確切的答案，不過，法律上並沒有什麼「保護令聲請事由參照表」來核對當事人遭遇的每件事情，再判斷是不是一定能得到保護令。

不過，從法院判決可以歸納出，想要成功地聲請到保護令，大概有兩個基本要素：「持續性」以及「危險性」。

家庭暴力，不管是直接的肉體暴力還是間接的精神暴力，都要具備一定的持續性，並且對於受害者產生一定的危險、壓迫，法院才會認可有核發保護令的必要性。因此，如果只是偶發事件，不構成持續性，法院就會認為沒有必要核發保護令；另一方面，若不是嚴重的傷害或侮辱，而只是輕微推擠、擦傷，法院也會認為沒有必要。

## ●怎麼樣叫「持續性」？

有兩個判決結果相反的案例，正好可以說明法院對「持續性」的認定。

在第一個案例中，丈夫與妻子感情不睦，瀕臨離婚邊緣，而妻子與母親聯手，不斷地對丈夫施以言語汙辱、謾罵，嘲諷他沒頭腦、有病要看醫生等等，並且持續了將近一年。丈夫忍無可忍，聲請保護令，最後法院准許了這項聲請（參見「台南地方法院民事裁定一〇三年度家護抗字第四十五號」）。

另一個在台南的案子是夫妻不睦而離婚了，彼此約好由太太照顧小孩。某日因太太要外出，把小孩交給先生照顧一天，沒想到接了孩子後，發現孩子的臉上出現紅腫，她認為做爸爸的有虐待小孩的嫌疑，就代替小孩聲請了保護令。但法院認為在這件事以前，夫妻之間沒有發生任何家暴情況，爸爸動作粗魯，但只是偶然事件，不足以構成核發保護令的必要性（參見「台南地方法院家事裁定一〇六年度家護字第九〇三號」）。

## ●怎麼樣叫「危險性」？

至於危險性，在實務上，有時會看當事人的「暴力傾向」。

有一對夫妻感情破裂，先生會到太太開的店內鬧事，讓客人都不敢再去；或是在電話中恐嚇太太，說他要潑她硫酸。太太聲請保護令，而在開庭審理的過程中，先生一時情緒不穩，當庭敲自己的鼻子流了血！這種暴力傾向較明顯的，就會被法院認為具有危險性，判准核發保護令（參見「屏東地方法院民事裁定一〇四年度家護抗字第十號」）。

就算沒有肉體暴力行為，當事人嗜賭導致債主上門暴力討債，又曾以自殺相逼來跟配偶借錢，甚至是到配偶工作場所鬧事、騷擾，這種造成配偶精神上高度壓力與逼迫的情況，法院也會認為足以核發保護令（參見「台南地方法院民事裁定一〇三年度家護抗字第六十七號」）。

## 保護令有什麼用？

保護令可以辦到的事很多。例如：禁止加害人「騷擾、跟蹤、通信」；禁止加害人「接近特定場所」一定的距離（如工作場所、住家、學校等）。

另外，鑑於被家暴的人可能處於經濟弱勢，法官在保護令的內容中，可以要求加害人「遷出」被害人的住所，還可以禁止加害人處分（比如變賣）住所，讓家暴被害者不用怕寄人籬下，任人宰割。甚至還可以叫加害人交出汽、機車或其他生活必需品，使被害人不會因為聲請保護令，而被加害人施以「經濟上的制裁」。法官甚至還可以定奪子女的教養權、會面交往方式，讓加害人與子女保持一定的距離，避免子女受到不當教養的危害。

### ●保護令的效力期限

**「通常保護令」的效力最長兩年，期滿前可以再聲請延長。**

至於**「緊急保護令」，則是看聲請時的危急狀況過去之後，法院審理的結果。**如果法院認為有必要改成「通常保護令」，就會改依「通常保護令」的效力期限；若法院認為沒有必要，那麼「緊急保護令」就會在審理結果出爐後失效。

## 保護令，會影響「親權」最後判給誰

有些當事人念及舊情，認為家暴只是暫時的，對方一定會悔改，不想讓外力介入感情糾紛，節外生枝。面對這種當事人，雖然我覺得隱忍不是好的溝通方式，但我會尊重對方的意願，不強迫一定要透過保護令來解決問題。

但是，**如果當事人是有未成年子女的，那我會特別提醒：保護令的聲請與「親權」可是大大有關的。**

### ●法官判定監護權時，必須參考許多因素

一般來說，在爭子女親權時，你可能得盡力去證明自己是一個適任的父親或母親，讓法官願意把親權判給你。以離婚時爭取親權為例，《民法》第一〇五五條之一就詳列了很多法官判決親權歸誰時，應該要參考的因素。除了子女自身的條件（如年齡、

意願、性別等等），法官也要參考父母親的職業、品行、經濟、感情，甚至連文化、傳統與價值觀都可能是影響因素之一。

職業與經濟能力倒不困難，薪資收入證明或在職證明都很客觀。但你要怎麼證明自己的品行優良？怎麼證明自己是個好家長？這可是比寫自傳還困難。實務上常見的方法是傳喚親人及友人，詢問他們平時都是誰在照顧子女，誰有用心，誰素行不良，利用他人的證詞來協助法官判斷孩子跟誰比較適合。

## ●法律規定的「不適任標準」

不過，《家庭暴力防治法》第四十三條規定：「對已發生家庭暴力者，推定由加害人行使或負擔權利義務（即一般所說的「行使對子女的監護權」）不利於該子女。」這是一條法律規定的「不適任標準」。

一旦曾施加過家庭暴力，就會被推定為不利於子女，將大大影響法官未來決定親權分配時，要判給誰。在爭取親權時，你也許沒辦法證明自己有多好，但如果對方犯下了家暴事實，而你有辦法提出先前聲請過保護令的證據，這對你爭取親權是相當有利的。

如果你的家庭正面臨爭取親權的問題，這一點可能就是你需要好好考量的地方。

**保護令除了是用來保護你自己的法律手段，也會是你在爭取親權時的一大利器。**若你曾經聲請過，就要記得提這個證明；若你尚未聲請，覺得想給對方一個機會，也得把這個保護令的效果放在心上，以備未來之需。

之前開過一次庭，承審的法官在審判中就很直白地說，本案有《家庭暴力防治法》第四十三條的推定效果，讓當事人再回去「思考」他的親權主張（意思其實就是：「你這個主張，我未來會判你敗訴。你確定還要這樣提告嗎？」）。這完全是個保護令影響親權判定的血淋淋實例。

## 大家來思考

保護令什麼時候該聲請？聲請就能成功獲得核發嗎？我無法給出百分百肯定的答案。但是，從過往法院判准的案例來看，可以分析當事人個案與過往案例之間的差距，去評斷法官判准的可能性。我所舉出的例子，都只是在說明保護令大概的聲請情況。如果身邊的親朋好友，或甚至是你本人，正面臨家庭暴力的急迫情況，不管是肢體暴力還是精神暴力，別管前面說的這麼多了，趕快報警，保護自己！

# 就是想離婚，一定要有理由嗎？

「哎喲！律師，我老公他爸媽講話真的很難聽，他們兒子沒給我生活費就算了，還整天諷刺我不孝順他們。他們的兒子整天在外面喝酒、賭博，他們就當作沒看見！」當事人陳小姐憤恨地說。

「嗯嗯，所以，請問您的老公大概多久沒有給生活費了？還有他們說的話是對您說？還是在LINE群組？」

「嘿啦，但是我老公他們家的態度就很差啊。而且之前我老公還曾經兩、三個月沒回家欸！」陳小姐激動地搖晃著我遞給他的水杯，眼看著水就要濺出來了。但她沒回答我的提問。

「是的，我理解。請問那兩、三個月，他是在外面工作嗎？或是你們有聯繫？」

「而且最誇張的是夠，我先生他之前有一陣子就算有回家，也不理我們，不管傳簡訊或打電話給他，都不回捏。你說，這樣是不是很過分？」陳小姐眼眶裡的淚水也快要溢出來了，她只顧著傾訴，還是沒回答我的問題。

「呃……所以說，您老公之前不理會你們的情形大概持續了多久？」

「所以律師，我這樣到底離不離得了婚啊？」陳小姐彷彿完全沒聽見我的詢問，拿著我抽給她的衛生紙擦拭一下雙眼，目光炯炯地望著我問。

「那個……可以先回答我剛剛問的那些問題嗎？……」

就像這樣，許多離婚案件的當事人，會下意識地將律師當作諮商心理師來傾訴，滿滿的情緒不吐不快，顧不得回應我們詢問的關於能否離得成婚的重要事實，卻要我們在條件不足的情況下，從他們的情緒判斷提離婚到底能不能成……

## 雷律師釋疑

### 離婚有兩種：協議（兩願）和判決

首先，我們要知道，《民法》規定的離婚和斯斯一樣有兩種：一種是「兩願離婚」，就是當事人約定好的協議離婚；另一種是「判決離婚」，也就是當事人協議不成的時候，由法院來判定可不可以離婚。

#### ●協議離婚

協議離婚的部分比較單純，依照《民法》第一〇五〇條的規定，**想要離婚的人只要和另一半針對小孩親權、會面往來、姓氏、扶養費部分，以及雙方的財產部分，擬定好書面的離婚協議書，並且找到兩個證人，四個人當面一起在離婚協議書上簽名後，向戶政機關辦理離婚登記就好了。**

簡單來說，法律沒有規定要什麼理由才能離婚，只要兩個人說好了，就可以離婚。

## ●判決離婚

而判決離婚的部分，原則上需要有《民法》明文列舉的通姦、重婚、對另一半虐待等等離婚事由。但除此之外，法律也留下了一項概括的規定，也就是除了明文列舉的事項外，只要是有其他「難以維持婚姻的重大事由」，便可以由不需要為此負責的另一方請求離婚。

問題來了，到底有哪些事情算是「重大事由」呢？

# 判決離婚的重大事由

## ●講對方的壞話，也算嗎？

在一段婚姻中，吵架、拌嘴是不可避免的，如果所有的吵架都可以離婚，那婚姻的拘束力似乎蕩然無存。但吵架有分輕重，實務上也有因吵架而獲判離婚的案例。

有一個案件是當事人大約一個禮拜會大吵一次，吵到最後，還會憤怒地互摔東西，甚至到了最後，其中一方在摔東西時，另一方不勸阻，只是在旁邊錄影蒐證而已。

另一個案件的當事人也是一個禮拜左右吵一次，有時候，女方還會用手點男方的頭，若女方點得太大力時，男方就會出手格擋，隨後兩人便有輕微的肢體衝突。

在這兩個案件中，法官都認為這樣的情形證明了婚姻已經難以維繫，所以最後都是判准離婚。

## ●不做家事，很嚴重嗎？

有一個家庭裡，男方平日工作，女方是家庭主婦，但男方回家後，常常發現女方沒有做打掃家裡或洗碗等家務事，經過溝通多次後也不見改變，最後都是男方忍不住了自己打掃。

另一個家庭裡，男、女雙方平日都有工作，但女方秉持著五大原則：「不煮飯、不打掃、不洗衣服、不帶小孩、不出錢」，經過溝通後仍不見改善。

這兩個案例，法官也是認為這樣的婚姻是難以維持的。

## ●理財觀點不同，也不行嗎？

有一對夫婦，其中一位非常喜歡買東西，買了不用也不整理，在家裡堆得到處都是。伴侶不高興，開始控制家裡的財務，導致雙方衝突不斷。

另一對夫婦，其中一位因為有自己的債務、母親的醫療費用要負擔，所以家庭費用大都由伴侶負擔，但他反而不節制地繼續花錢購買了非常多的物品，讓伴侶的經濟壓力非常大。

像這樣的情形，法官也接受作為難以維持婚姻的理由。

## ●老死不相往來呢？

有一對夫妻，台灣籍的先生赴越南娶妻，婚後，太太就夫唱婦隨跟著到台灣來。起初兩人感情還算不錯，但是到了後來由於婆媳問題，夫妻關係慢慢惡化。最後，女方乾脆避不見面，只有需要展延居留證的時候會聯絡男方。

另一對夫妻也是因為婆媳問題這個千年難解的大哉問，導致妻子婚後不久便搬回娘家住，只有生日、父親節等節日，會傳簡訊問候先生。

像這種情況，法官也都判准離婚呢。

## 婚姻的「破綻主義」：千奇百怪的判離原因

除了以上這些情形之外，還有族繁不及備載的原因，像是：把聯絡資訊裡面，另一半的稱謂改成「畜生」，在外面說對方的壞話，和別人有過於親密的關係（但還不到外遇的程度），不照顧對方的父母等，法官也可能以此作為婚姻難以維繫的原因。

**是不是所有雞毛蒜皮的小事，都有可能被拿來主張可以離婚呢？**

在民國七十四年以前，《民法》對婚姻是採取「有責主義」，要其中一方有做錯事的責任時，另一方才能主張離婚。

在《民法》於民國七十四年修正後，開始有了「破綻主義」的色彩，也就是說，這段婚姻已經有了破綻，而且以客觀標準來判斷，任何人在這種情形下都會喪失維繫婚姻的希望時，這段婚姻便沒有維繫下去的意義了。

## 大家來思考

總結來說，正常情形下的夫妻小打小鬧是不需要擔心的，床頭吵，床尾和，適度的摩擦也是彼此磨合的正常能量釋放。

但是，目前法院判決「准許離婚」的比例高達百分之九十一。如果夫妻之間的衝突太超過，像是小打小鬧成了全武行，法院現在也沒在信「勸和不勸離」這套了，只要法官認為這段婚姻已經沒有回復的可能性了，便手起刀落判離，眉頭也不會皺一下的。

# 離婚時，財產怎麼分？

而立之年過後，幾乎每隔兩個月都會收到友人或親戚的喜帖。記得有一次，新郎顯然是喝多了，竟然在廁所問我：「我們沒有聘金，喜宴的錢在登記前就付清了。如果隔天我們離婚了，剩餘財產分配是不是很簡單，把今天收到的紅包錢對分就好了？」

面對這個令人啼笑皆非的問題，我也只能笑著說：「新郎大大，你喝多了。」然後趕緊溜出廁所。

在這個離婚率居高不下的時代，離婚的問題其實非常可能出現在你、我的身邊，大家好像多少應該知道一些離婚的眉眉角角，尤其除了孩子的事情外，「財產到底該怎麼分」是大家最關心的事。所以我在這裡趕快來說明一下，希望那位新郎自己看書找答案，然後——不要說是我說的。

## 雷律師釋疑

### 什麼是「剩餘財產分配」？

許多民眾找律師諮詢離婚案件時，並不知道原來**即使自己是家庭主婦（夫），也有權利分得在婚姻中，另一半取得的財產**。所以我還是從盤古開天說起，從頭解釋一下什麼是「剩餘財產分配」。

台灣的立法者們覺得，在一段婚姻中，夫與妻可能各自負擔不同的角色，例如：先生在外工作，太太操持家務。先生可以沒有後顧之憂地專心發展事業，是因為太太協助分擔了家務；太太能不用出外打拚，是因為先生扛下了這部分的工作，沒有誰比誰辛苦，誰比誰重要。所以**在婚姻狀況中賺取的金錢，到離婚時剩下的部分應該平均分配，才能夠貫徹公平，這就叫做「剩餘財產分配制度」**。

了解起源後，我們簡單地將這個問題分成四部分來說明：離婚後，財產怎麼分？哪些財產要拿來分？對方根本對婚姻沒貢獻，可以不分給他嗎？對方在離婚前惡意地減少財產，怎麼辦？

## 離婚後，財產怎麼分？

關於「離婚後，財產怎麼分？」這個問題的解方，規定在《民法》第一〇三〇條之一，法條的意思就是離婚時，夫妻雙方**各自的**「婚後資產扣除婚後負債」，會得到兩個數字，把大的數字減去小的數字之後，再對半分——這也就是錢多的人應該給錢少的人的金額。舉例說吧：

**【夫】婚後財產（兩百萬）－婚後負債（五十萬）＝A（一百五十萬）**

**【妻】婚後財產（一百萬）－婚後負債（五十萬）＝B（五十萬）**

**↓在這個情況下，剩餘財產的差額對半分就是：A－B（一百五十萬－五十萬）除以二＝五十萬。**

**【結論】錢少的太太，可以向錢多的先生請求五十萬的剩餘財產分配。**

●怎麼知道對方現在有多少財產？

你可能要從日常生活中、報稅資料裡，知道對方經常往來的銀行、郵局是哪幾家、哪個分行，名下有沒有登記房屋、土地或停車位等財產，有沒有在做股票、基金的操作，有保哪些保險等等。另外，也要從反向去留意對方有沒有信用卡的卡債、房貸、車貸，或是向他人借款等的負債。

「舉證」是訴訟最難的一個部分，如果在你跟另一半已經吵開了才要來蒐集，難度很高，而且律師能協助的很少。不過，若你是吃了秤砣鐵了心要離，這些可能就是離婚前最重要的準備，再難也要想辦法。

## 哪些財產要拿來分？

**剩餘財產有幾種不會被列入分配：「繼承取得」、「無償取得」和「慰撫金」。**

這部分的道理也很單純，夫妻間的婚後剩餘財產之所以該平分，是因為這些財產是雙方努力所致。但如果是其中一個人因為繼承拿到的、因為別人送的，或因為受傷而人家賠的，跟另一方的努力似乎就沒什麼關係。

所以說，如果離婚時，我有一百萬，其中：四十萬是去年初繼承爸爸的遺產所得，二十萬是去年底兒子給我的孝親費，還有二十萬是今年初我出了車禍，對方賠給我的慰撫金——那麼，我必須與太太均分的財產就是剩下的二十萬。

## 對方根本對婚姻沒貢獻，可以不分給他嗎？

常有當事人聽我說完前面落落長一大段後，對我說：「律師，你說的我都懂。如果他對婚姻有貢獻，我本來就該分他。但是他整天好吃懶做，不務正業，錢是我在賺，家事也是我在做，這樣我還得分財產給他？」

遇到這種渣夫或渣妻，真的讓人怒急攻心，但《灌籃高手》的安西教練說過：「現在放棄，比賽就結束了。」所以先別急著放棄，來看一下《民法》第一〇三〇條之一，這條規定了，如果平均分配有產生不公平的可能，法官可以減少或者剝奪渣夫或渣妻的分配權利。

### ●從實際案件來了解

我看過一個案件是這樣的：

有一對夫妻在婚後，以先生的名義貸款三百二十萬元，買了一棟房子。

結婚初期，先生有確實繳貸款。但是後來，他開始跑酒家，經常徹夜未歸，也不協助任何家庭支出。太太只好開始一方面母兼父職，一方面當保母、賣便當、早餐店打工、學校福利社兼差、做高鐵的外包工作……每個月清償房貸，並支應所有的家庭支出。先生甚至連自己老母親的日常生活起居都不聞不問，留給太太獨自處理。

後來太太受不了，提訴訟要離婚。

那時，太太婚後的財產只有戶頭裡的兩萬元。而先生還是房子的所有權人，房子鑑價值三百萬，貸款還剩一百二十萬元沒繳。

如果照前面的說法分，會是：（三百萬－一百二十萬－兩萬）除以二＝太太可以向先生要八十九萬元。

但是在這個案件裡，雙方對家庭經濟的貢獻並不相同，太太的律師也很聰明，透過匯款紀錄，舉出房貸，以及家中的水、電、瓦斯費，和房屋稅、地價稅都是太太負責繳，先生對於家庭生活、生計毫無貢獻的具體證據。

法院參酌了所有情況，認為先生只有在結婚初期有負擔清償貸款，之後長期都是由太太努力工作持家，撫育子女，照顧婆婆，按期清償貸款，才能維繫家庭和保有房子，所以最後將太太分配的剩餘財產差額比例調整為百分之七十五，也就是她可以向先生要一百三十三萬五千元，算式為：

**三百萬－一百二十萬－兩萬＝一百七十八萬**

**↓再乘以百分之七十五＝一百三十三萬五千元**

## 對方在離婚前惡意地減少財產，怎麼辦？

另外還有一種人也很惡質，偷情被抓了或雙方分居，明白婚姻保不住了，也知道有剩餘財產分配的問題，所以在打離婚訴訟的過程中，故意把財產花掉或是送給小三。

這種情況，我們該怎麼做？

《民法》第一〇三〇條之三有規定，如果夫或妻為了減少他方所分配的剩餘財產，而在離婚前五年內沒有道理地花光婚後財產，則應該將花光的那筆財產追加計算，視為現存的婚後財產。

有個案件的太太在提出離婚訴訟前的兩個月間，迅速提領了二十萬元的財產，然後推說花光了，卻沒辦法說明自己把錢花在哪裡。最後，法院認為太太是故意減少剩餘財產，所以將那二十萬元追加計算，視為太太的婚後財產。

## 大家來思考

我們回過頭來想想這篇文章的開頭，那位酒醉新郎的問題：

假設他們夫妻辦理了結婚登記，辦完了婚禮，然後隔天就離婚了，在婚姻期間這麼短暫的情況下，顯然雙方的婚後財產只會有當天晚上收到的紅包，適用於前面所說的剩餘財產各分配一半嗎？

其實紅包算是「無償取得的財產」，所以不會被列入剩餘財產分配，所以會看是包給誰的，各自拿走。

因此隔天便離婚，的確如新郎官所想的兩個人都不大會虧到。但是，在新婚夜找律師討論這樣的問題，實在讓人對這段婚姻感到憂慮啊……

# 第五章

# 遺產

再怎麼不一樣的人生，還是有些事情是大家平等的，像是錢財生不帶來，死不帶去。

辛苦了一輩子，如果留下了金山、銀山，繼承人們總會找方法瓜分。

父母子女間的法律關係，其實不外乎兩件事：相互的扶養，以及離開時的繼承問題。繼承案件之中，大約有百分之六十八涉及土地，另外有百分之三十六請求給付金錢的案子，給付金額在一百萬元以上。想想，這大概是《民法》案件中，平均標的金額最高的一個類別了。

對許多人來說，這或許是一生中單次得到最大筆的金錢唯一機會，再乖巧的小綿羊都可能忽然展現狼性。於是像：生前到底是誰在養爸媽？到底什麼算是遺產？

兄弟姊妹已經從爸爸媽媽那裡拿走很多了，還可以拿嗎？私生子可以繼承嗎？女兒可以繼承嗎？等等的爭議層出不窮。

在《民法》的規定中，這些問題都找得到答案，任何一個合格的律師也都可以從法律面上幫忙處理這些爭議。但是，因為這份「天上掉下來的禮物」，親族關係被撕裂了，從此永隔的不只有天人，同在人世間的兄弟姊妹也老死不相往來。法律的施力點有限，每每想站在親情的立場去說服對造或自己的當事人，結果卻總是碰了一鼻子灰。

除了建議大家別在意觸霉頭，為了身後的家庭安樂，在生前先寫好遺囑，也只能勸大家「人生得意須盡歡，千金散盡家和樂」這個路子了。

# 李敖的遺囑，讓兒女繼承起紛爭？

李敖，無論在文壇或政壇都是話題人物，在今年殞落了。

一生馳走於議題尖端的他，離世後繼續掀起討論熱潮：他所留下的遺囑，引發非婚生長女李文打官司，與父親的遺孀王志慧、同父異母的弟弟李戡和小妹李諶有爭產風波。

李戡曾在電視節目中把父親的手寫遺囑全文公開，宣稱父親在該份遺囑中寫明將財產移轉給妻子與兒女，僅按月給李文一千元美金，並附上條件：如果李文對他的妻子、兒女提出任何訴訟或騷擾，就停止給予定期金。

令人意外的是，李文還真的提出了訴訟，讓大眾不禁訝異李敖真是「未卜先知」。

話雖如此，這樣子的遺囑是有效的嗎？遺產可以這樣規劃嗎？我思考了一下……

**或許，李敖的這份遺囑，只有部分的法律效力。**

## 雷律師釋疑

### 遺囑內容是什麼？李文為什麼要爭？

我們先來了解一下背景事實。

根據節目上的爆料影像，李敖的遺囑內容是這樣的：

一、本人所有之著作之著作權均已贈與王志慧，該等著作待李戡有能力經營時全數移轉予李戡，以為發揚。

二、本人富邦人壽新台幣一百三十四萬八千元之保險金由李諶為受益人取得。

三、本人委由陳境圳每月支付美金一千元整予李文至李文滿七十歲止。如李文對王志慧、李戡、李諶提出任何訴訟、或法律或騷擾行為，李文即喪失本條權利，此一千美金即由陳境圳停止支付。

簡單分類一下這份遺囑的三個條款，分別是：

**一、著作權的繼承、分配。**

**二、保險金的繼承、分配。**

**三、遺贈（特別指定）的繼承、分配。**

讓我一一跟各位分析。

## 著作權的繼承、分配

常見的遺產繼承通常是現金或土地，看到「著作權」，令人有點摸不著頭緒。其實著作權也是可以分配的。

### ●「著作人格權」與「著作財產權」

著作權有兩種特性，一種是「人格性」（著作人格權），一種是「財產性」（著作財產權）。

例如：某一天，玖壹壹樂團發行的音樂專輯被盜版，盜版人還將作者名字更改成「壹壹九樂團」來銷售。這時，身為歌曲創作人的玖壹壹可以提起訴訟，請他更改作者名稱。這個就是著作的人格性，稱為「著作人格權」。

又如：玖壹壹的新歌被某人下載後，存入隨身碟內，以極便宜的價格賣給他人。新歌的販售收入原本會進到玖壹壹的口袋，卻因為被重製販售而減少了，玖壹壹可以提訴訟向他求償。這個就是著作的財產性，稱為「著作財產權」。

依照《著作權法》第三十六條，**「著作財產權」可以讓予他人，因此可由他人來接受、繼承。**而依照《著作權法》第二十一條，**「著作人格權」是不能繼承的。**

因此，依法，李敖確實可將自己的著作之著作權交給配偶、子女繼承，由他們享受這些著作的財產利益。然而，配偶與子女不能繼承「著作人格權」。

## ●對照李敖的遺囑第一條

問題來了，我們再回頭仔細看看李敖的遺囑第一條：

本人所有之著作之著作權均已贈與王志慧，該等著作待李戡有能力經營時全數移轉予李戡，以為發揚。

是「已」喔！代表李敖其實早就把著作權讓予配偶了，他的著作已經不能算是遺產，就沒有分配的可能。

因此，這一條規定與其說是遺產分配的遺囑，不如說是「遺言」，沒有強制的效果，王志慧即使不遵守也沒有關係。

## 保險金的繼承、分配

依照《保險法》第四十五條，當事人可以為了別人的利益來訂立保險契約，也就是俗稱的指定「受益人」。

### ●有無「指定受益人」的差別

保人壽保險時，要保人（去簽約投保的人）就可以自行指定當事故發生時（例如自己死亡時），「誰」可以去領這筆保險金（即受益人）。

在保險契約中，只要有事先指定自己身故時，由誰來擔任受益人，依照《保險法》第一一二條，保險金就不會被當作遺產；只要不是遺產，就是由受益人全拿，不用與其他繼承人一起分。

相反地，如果保險契約沒有事先指定受益人，要保人身故時，依照《保險法》第一一三條，保險金就作為「遺產」，由所有繼承人來一起分。

因此，與其說保險金可以透過繼承分配，不如說在簽約的當下，就可以透過「指定受益人」的方式，把這份保險金當成遺產以外的一筆獨立金額，交付給你想要的繼承人。

## ●保險受益人能否透過遺囑指定？

受益人可不可以不在簽約時指定，而是透過遺囑來指定呢？

依照《保險法》第一一一條第一項規定，受益人經指定後，仍得以契約或遺囑處分。而即使沒有指定，也能透過契約或遺囑來指定受益人。

因此，透過遺囑指定保險的受益人是合法的。不過，記得依照《保險法》第一一一條第二項的規定，必須通知保險公司，才能要求保險公司照辦。

## ●對照李敖的遺囑第二條

講到這邊，我們再來看看李敖的遺囑第二條：

本人富邦人壽新台幣一百三十四萬八千元之保險金由李諶為受益人取得。

這一個條款，看起來像是用遺囑來指定保險受益人的情況，似乎是有效的遺囑，小女兒可以單獨獲得全部的保險金。

但也許有心人士會認為：「誰說這個受益人就是保險受益人呢？說不定是繼承人的代稱而已呀！」照這種說法，這一個條款就變成是「遺贈」的指定了（就像爸爸偏心要給小女兒比較多遺產的遺囑），如果分得太多，違反**「特留分」的規定（規定了繼承人最少可以拿到的額度）**，小女兒就可能沒辦法拿到全部。

至於哪一種說法對呢？這就留待判決的認定了。

## 遺贈（特別指定）的繼承、分配

遺產可否不要一次給完，而是分期給付呢？

台灣的司法對於遺囑沒有太多規定，因此，遵循「契約自治」的法則，李敖如果不想把財產一次給清，在遺囑中指定「遺產要分期給予，而不能一次分割完畢」，應該是合法的。

## ●對照李敖的遺囑第三條

但問題又來了：李敖的遺囑第三條是怎麼規定的呢？

本人委由陳境圳每月支付美金一千元整予李文至李文滿七十歲止。如李文對王志慧、李戡、李諶提出任何訴訟、或法律或騷擾行為，李文即喪失本條權利，此一千美金即由陳境圳停止支付。

乍看之下，會以為李敖是在處分遺產，但這個條款裡沒有一個字跟遺產有關。他只是委託了一個朋友，要按月給付一定的金額給李文，可是並沒有說這筆金額是從遺產當中支付。

由於這份遺囑並非李敖與陳境圳之間簽訂的契約，若陳境圳不想定期支付，法律也拿他沒轍；或者，即使李文對李敖的其他家人提出訴訟，陳境圳還是可以繼續付錢。

因此，這一條與第一條很像，根本不是用來處理財產的遺囑，只是沒有法律效力的「遺言」。

## ●指定「遺囑執行人」

如果真的想要定期支付遺產，比較好的方式或許是另外指定「遺囑執行人」，由遺囑執行人依照《民法》第一二一五條來管理遺產。

透過這種方式，也能制衡其他的繼承人，因為依照《民法》第一二一六條的規定，繼承人不能干預遺囑執行人的職務，過程中也不能執行跟遺囑有關的財產，因此，只能乖乖依照遺囑執行人的方法來行事。

### 大家來思考

我不是李敖的粉絲，但作為一位文人與政壇人物，我想他的才智或是付出的努力，都值得尊敬。而從這起繼承紛爭中，我們可以學到遺囑到底該怎麼訂，遺產要怎麼處理比較保險。但最重要的是：我們走了之後，不要讓活在世上的子女為了錢翻臉啊！

# 爸爸的遺囑不留財產給女兒，女兒真的一毛錢也拿不到？

沒日沒夜了整週，週末夜絕對是神聖不可侵犯的悠閒時光。我把滿滿一週因為加班沒倒的垃圾扛下樓，伴隨著星光，一邊優哉地打著手遊，一邊等垃圾車，這時，遇到鄰居阿姨向我搭話。

「小雷啊，你現在是律師了齁，真厲害。啊我可以問你一個問題嗎？」

不行，神聖不可侵犯的悠閒時光沒有又拿來工作的啦！我電光石火地思考完，卻連「不」字都還沒到嘴邊，阿姨就已經接著說了……

「我現在可以叫我女兒先拋棄繼承嗎？因為我兒子的事業發展一直都不好，我很擔心我走了之後，他養不起一家妻小，無法生活。可是我女兒過得不錯啊，她和她先生都是公務員，薪水很穩定，所以我想要把遺產全部都留給兒子，讓他們有比較好的生活。

「而且女生結婚後變成了夫家的人，小孩也跟著人家姓，應該沒有權利繼承遺產吧？把遺產留給兒子繼承，才真的是留給我們自己家的子孫啦！反正女兒結婚的時候，我跟她爸爸有替她準備嫁妝，也不算是一點東西都沒留給她。

「還是說我可不可以先寫遺囑，然後在裡面註明遺產都給兒子，女兒不能繼承，這樣可以嗎？」

鄰居阿姨的這番話，相信大家都很熟悉，可能有親朋好友遇到，或是看媒體報導總是只見企業大老選兒子、甚至私生子做接班人，但是由女兒接班、繼承的例子少之又少。

在感嘆男女平權未能落實，還有我逝去的週末短暫休息時光之餘，我還是默默關上手遊，拭了拭淚，回答鄰居阿姨的問題。

## 雷律師釋疑

### 女性有權利繼承遺產，繼承的分量，不會因性別不同而有差別待遇

「嫁出去的女兒就像潑出去的水，變成了外人，當然不應該繼承家裡的遺產。」許多長輩直到現在都還是有這樣的想法。不過事實上，《民法》第一一三八條規定，**只要是婚生子女，不分男女，當然都有權利繼承父母的遺產。**

另外，兒子和女兒也沒有差別，不會因為你是女兒，能拿到的遺產就應該比兒子少。《民法》第一一四四條裡面寫得清清楚楚，當父親或母親駕鶴西歸，孩子與父親或母親一同繼承遺產，所有的錢是大家一起平分的，不會因為性別的不同導致差別待遇。

## 預先拋棄繼承是無效的

這樣的觀念，往往都會代代相傳。

記得小時候，常常聽到鄰居阿姨的爸媽對她耳提面命，提醒阿姨在他們百年後，不要跟兄弟們爭遺產，如果可以，最好事先簽下拋棄繼承的文件，讓他們放心。不清楚後來阿姨究竟是怎麼做的，但我總覺得很替她打抱不平。沒想到過了一個世代，同樣的故事仍不斷重演。

## ●「還沒有」的權利，是無法「拋棄」的

按照《民法》第一一四七條的規定，繼承的權利是從爸媽過世之後才產生的。在爸媽過世前，子女還沒有繼承權，依邏輯來說，「還沒有」的權利當然無法「拋棄」。

打個簡單的比喻，就像你剛考完大學的學測，對了答案後發現考得不錯，就到處跟人家說你上台大了，但是你選擇不去念。醒醒吧！還沒有放榜，根本還沒有取得念台大的資格，怎麼有辦法跟人家說你不念台大呢？

## ●繼承權依順位排序

還有一種情形也很常見，在拋棄繼承案件中，常常出現聲明拋棄繼承者有一拖拉庫的人，光是寫名字，在書狀中就要用到好幾頁Ａ４紙。

不過，並非所有與死者有血緣關係的親人都有繼承權，繼承權是有順位的。

除了配偶之外，最先有權繼承的就是亡者的子女，再來是亡者的爸媽、兄弟姊妹、阿公和阿嬤。**前面順位的人不在了，後面順位的人才會補上去，取得繼承權。**所以這些還沒有補位成功的親人們，根本就還沒取得繼承權，這個時候去向法院聲明拋棄繼承，就算是預先拋棄繼承權，也會被法官駁回。

## ●有效的拋棄繼承，必須這麼做

所以在長輩過世前先簽了拋棄繼承同意書，其實形同在拋棄一個你沒有的東西，這個拋棄的行為是一點效力也沒有的，完全只有讓長輩心安的功能。

假如這樣能讓長輩安心，或許也是個不錯的障眼法，但切記，**你的繼承權不會因為事前簽署的同意書被拋棄。**

假如真的要有效的拋棄繼承，《民法》第一一七四條有規定，記得要在你知道被繼承人已經亡故之後的三個月內，以書面資料通知法院。

## 不能在遺囑裡直接排除女兒

我們知道法律規定女性也有繼承權，但如果父親或母親在遺囑裡白紙黑字說清楚，就是不留遺產給女兒，這種時候是法律比較大，還是遺囑比較大？

法律尊重每個人分配自己遺產的決定，原則上你想要怎麼分，就怎麼分，但是為了怕立遺囑人過度大小眼，導致某些繼承人一毛錢也拿不到的情形發生，《民法》第一二二三條明定有「特留分」，規定了繼承人最少可以拿到的額度。

因此，回到鄰居阿姨的疑問：只要女兒沒有對爸媽做出過於大逆不道的事情（例如：重大虐待、侮辱、故意致父母於死、威脅或欺騙父母讓他們撤回或更改遺囑），**即使阿姨有多麼不想分配遺產給女兒，法律都幫女兒留了最少分量的遺產，必須在分給女兒最基本的「特留分」之後，阿姨才能依自己的意思分配遺產。**

有沒有什麼重大不孝到可以剝奪繼承權的例子？我曾經處理過一個案件，對方是個小開，卻私吞父母的股票，在父親過世後，還威脅家人，如果財產不交由他管，他就拒辦父親的喪事，甚至不去探視重病的媽媽。做媽媽的一氣之下，在遺囑裡載明要完全剝奪兒子的繼承權。最後法院也認為兒子大逆不道，認為他沒有繼承權，幫助因重病過世的媽媽堅守住她最後的願望

## 但是，有一種「生前贈與」的方式

法律看似一視同仁，不分男女，都受到平等的權利保護，但阿姨若有心，還是可以在生前就先把手上的財產過繼給兒子。

雖然《民法》第一一七三條規定，如果生前是因為結婚、分居、營業這三種原因把財產贈送給兒女，在父或母過世後，這些財產還是要被算進遺產分配的範圍，重新分配給大家，因為這是一種「預支遺產」的變通措施，出來混，總是要還的。

但是，若阿姨不以這三個理由把財產過給兒子，或是拿這三個理由過繼財產時，跟大家說清楚：「我過繼的這些財產只是純粹的贈與，並不是讓兒子預支未來的遺產。」這樣在阿姨過世後，過給兒子的財產，就不會重新被算進遺產的分配範圍。

如此一來，阿姨就美夢成真，把財產全部都留給了兒子。那女兒呢？因為阿姨過世後，財產已經一毛不剩，女兒當然就拿不到了。

## 大家來思考

垃圾車隨著漸弱的音樂聲駛遠，我的悠閒週末時光也差不多終結在阿姨手上。

和阿姨短暫地聊過後，我不知道她怎麼想，也不確定她會怎麼做，但我實在忍不住感嘆，現在有許多女性都非常獨立，不但有好的工作成就，對於家裡的生活費、父母醫療費的貢獻也從未缺席，但直到一〇四年，女性占拋棄繼承的人數比例還是硬生生地比男性多一成。

法律只能給最基本的權利保障，想要治本，還是要推廣性別平等觀念，讓男女平權更獲得落實。只希望總有一天，像阿姨這樣的觀念能在社會裡消失。

# 遺產的贈與要怎麼做？

有一陣子迷上了電視劇《花甲男孩轉大人》，不管事情再忙，午休時總會看個一集，心情隨著劇中人物的心境變化起伏，每集劇終時再沉澱下來，彷彿也重新經歷了一次自己的小時候。

大部分的律師都有一種職業病，無論看什麼戲劇，都會順道想想角色之間的法律關係。我看這部劇時也不例外。主角鄭花甲的阿嬤過世後，二叔和三叔爭遺產是劇情主線之一。我尤其討厭三叔，年輕時，囂張跋扈地伸手向家裡拿了幾百萬去越南創業開工廠，對家鄉從來都不聞不問，到了分遺產的時候，才想回家撈點好處，而且一談到錢，翻臉比翻書還快，說話更是極盡刻薄之能事。一般人實在很難想像有人在痛失至親之際，滿腦子卻只想著錢。

但事實上戲如人生，這樣的訴訟爭議案件並不少，而每個案件中，總有一個從小得長輩疼的敗家子：從小得長輩疼，在成長過程中，被分配到了比較多的資源，卻也最自私，視一切得到的為理所當然。長大後，到了該為家裡盡力時卻總以工作忙為藉口，或是人在外地不方便聯繫；只有在外捅了婁子，要靠家人幫忙擦屁股善後時才會出現，再不然就像劇中的三叔一樣，為了瓜分遺產而來。總之，就是瘟神般的存在。

**雷律師釋疑**

## 父母給的「特種贈與」，會被當成預先分得的遺產

對付像三叔這種人，其實《民法》的〈繼承編〉裡早有辦法。

《民法》第一一七三條設立了一個「特種贈與」的概念，與一般的贈與不同之處在於，為了讓每位繼承者都能公平地分到遺產，推測被繼承人在進行「特種贈與」的當下，心裡想的其實不是真要把錢平白送給某個繼承人，而是想著：「反正我死後，

這些錢也是要給你們，不如我就趁現在誰有需要時，先拿一點出來應急。」

所以，「特種贈與」是一種對於某個繼承人日後應繼承的財產，預先給他的變通措施。**既然是預支的，日後大家真的在分遺產的時候，除非分完還有剩，否則已經透過「特種贈與」方式預支遺產的繼承人，是不能再參與分配的。**

## ●「特種贈與」的實際算法

以花甲家的情況來說，被繼承人（過世的阿嬤）生前給繼承人（三叔）創業用的兩百萬資金，在法律上會被認定是「特種贈與」（可參見第二一七頁，《民法》第一一七三條）。假使現存遺產總共還有一百萬元，三叔預支性質的兩百萬元必須連同現存的一百萬元，一起計入應繼遺產中。因此，應繼遺產有三百萬元，鄭家五兄妹均分，一人應可分得六十萬元才對。

回過頭來看，一個人最多就只能分六十萬元，三叔早早便預支了兩百萬元走，顯然多拿了很多，那麼剩下的錢，他就不能再取一分一毫，現存的一百萬元將由其他四兄妹均分，一人實際可分得的遺產只有二十五萬元。

看到這裡，你可能會覺得奇怪。這種結果對三叔也太好了吧，他本來只能拿六十萬元的，卻提早分得了兩百萬元；其他人應該分到六十萬元的，但因為三叔多領了，最後只能分到二十五萬元。不會不公平嗎？多領的不用還回來嗎？

以我個人來看是覺得有點不公平啦，依法院過往的多數判決是不用還，學說上則還有爭議。不過，這部分就留給法律人傷腦筋吧，大家只要記得《民法》第一一七三條針對「特種贈與」有歸扣的規定，適時保障自己的權益就很受用了。

**歸扣：**將「特種贈與」的物品、金額算入遺產中。

## 其他可能的「特種贈與」

《民法》第一一七三條規定，能被認定為特種贈與的情形，除前述提供「營業用資金」外，還包括了其他兩種情形：

一種是「結婚」。舉個實際的判例：被繼承人在某位男性繼承人結婚時，給了一百萬當聘金贈與女方，這一百萬因繼承人結婚而發生的贈與，在這個案子裡被當成特種贈與，視為已繼承的遺產（參見「台灣苗栗地方法院一〇〇年度重家訴字第一號家事判決」）。

另外則是「分居」。在一個相關案例中，被繼承人生前資助某位繼承人在美國購屋時的頭期款，被當成了特種贈與，分割遺產時，也被視為已繼承的遺產（參見「台灣台北地方法院九十九年度重家訴字第十七號民事判決」）。

## 父母明說是「送」的，就不會當成特種贈與

不過，並不是所有因為幫助繼承人結婚、分居或營業所做的財產贈與，都會被當成是特種贈與。

前面提到，「特種贈與」的概念，是由立法者推測被繼承人想的應該是：反正死後這筆錢也是要給繼承人的，不如在他有需要的時候就預先支付給他吧。但如果被繼承人生前明白地表示過，那筆資助結婚、分居或營業的財產就是單純的一般贈與，而不是預支性質，為了尊重財產所有權人的自由處分權利，將不再有《民法》第一一七三條推定為特種贈與而有需要歸扣的情形。

### 大家來思考

無論法律如何想要公平保障每個子女的權益，不過，當父母在世時，財產畢竟還是他們的，如果他們就是吃了秤砣鐵了心，在生前便把所有的錢送給了敗家子，還特別說了這就是要「送」他的，以後不能被當作遺產，說真的，在法律上可能也無計可施。

# 爸爸從沒養過我，如今我卻得扶養他？

「雷律師好，不好意思，這麼晚打來，我姓袁。不知道是否能詢問您法律問題？」

難得打深夜電話來的當事人不是醉醺醺的，而且背景沒有警笛聲大作。雖然我的眼皮漸漸地不聽使喚，但還是耐不住好奇心，回應：「好的，請說。」

「我爸……」說到這裡，袁先生頓了一下，顯然對這個稱呼不太習慣。「……需要我扶養，但是我沒有能力。就算我有能力，我也不願意扶養他。」

「如果你的父親無法維持自己的生活，原則上，子女對於父母是有扶養義務的，袁先生你……」

「我知道，但是，雷律師，不好意思，你先聽我說。」

電話另一端的他嘆一口氣，我知道，這又是一個沒得睡的夜晚……

雷律師釋疑

## 小袁的故事

打從他有記憶開始，「爸爸」總是失業、酗酒，他的童年總得忍受不時被大聲辱罵、定期被拳腳相向，偶爾因傷送醫，甚至還多次露宿街頭。幸好，媽媽總是竭盡所能地護著他。對他而言，「爸爸」只是個手不離酒瓶，沒幾天清醒，一年對不上兩句話的恐怖同居人。

從他上國中之後，「爸爸」變本加厲，甚至還以太太的名義向親朋好友們借錢高達三百多萬元，並和外遇對象遠走高飛。

他的媽媽後來因病辭世，幸好有舅舅的幫助，讓他勉強有個遮風避雨之處。他國中畢業後，自力救濟地打工維生。雖然因為學、經歷的弱勢，一直以來工作不穩，但他經過一番努力，幾年前結婚、生子，生活慢慢有了依歸。

沒想到，「爸爸」卻在此時拖著病體出現，要求他扶養和照顧。在他斷然拒絕後，甚至對他提出了民事訴訟。

**「雷律師，我不知道為什麼我需要扶養這樣一個『人渣』？」**

## 什麼時候該扶養父母？

原則上，《民法》中規定子女是否需要扶養父母，就看父母能否維持生活。只有當父母的生活陷入困頓時，子女才有扶養義務，須依法支付扶養費。

所以，小袁的爸爸必須提出證據，證明已經不能維持自己的生活，例如：向國稅局申請後，提供「去年年度所得」及「財產總額」等等。如果小袁的爸爸無法提供證據證明自己不能維持生活，小袁就不需要扶養他。

我稍微看了一下老袁的起訴狀，果然，這案件還讓人有得頭痛，因為老袁除了沒有任何資產，還提出了醫院的診斷證明書及養護中心的服務紀錄表，證明他罹患腦血管疾病，現在被社會局安置在老人養護中心。

「所以我就真的得像沒事一樣，扶養這個從小打我、害死我媽，然後消失無蹤的陌生人嗎？」小袁氣憤難耐地問。

「別急，其實我們也還有些主張可以試試。」

事情還是有轉機的。

## 貧困抗辯，可以減輕扶養義務

如果扶養父親或母親會導致自己也活不下去，可以向法院主張要求減輕負擔。

這個主張，要提出戶口名簿、薪資收入、去年年度所得、財產總額及貸款紀錄等，有利於自己的證據，嘗試證明自己的年收入未達繳稅標準、工作收入不穩定，自己身背負債、養妻小已屬勉強，再無力扶養父親或母親。實際上所見，扶養費用減少到每個月只要給付兩千至八千元的案例還不少。

小袁沉默不語，他要的不是扶養義務的減輕，而是希望可以「完全不扶養」造成他童年夢魘的父親。

## 重大虐待、無理由棄養，可能免除扶養義務

依法，若爸爸曾經對小袁或他媽媽有故意虐待、重大侮辱或其他身體、精神上的傷害，或是沒有正當理由而未對小袁盡扶養義務，並且情節重大，那麼法院可以免除小袁的扶養義務。

在小袁小時候，爸爸多次毆打他和媽媽，可以提出當時的報警紀錄與醫院診斷證明書。

但是，過去法院認定免除扶養義務的案件中，所謂「從小遭受虐待而情節重大」的案件，往往達到重傷、性侵、妨礙幼童發育等情況，才會被法院認定為可以免除。像小袁雖然也是受到言語暴力及身體傷害，但是能不能被法院認定已經達到「情節重大」，可能得看個別法官對於案件的判斷。

我蒐集並整理了許多案件資料發現，數據顯示過去總共有四百五十件「減輕或免除扶養義務」案件，其中有將近三成的案子是獲判完全免除扶養義務的。在這些案件中，會勝訴的判決，幾乎都是父母或一方自幼就沒有扶養子女的情況。

## ●找到勝訴的關鍵

例如：台灣士林地方法院一〇六年度家親聲字第六十二號裁定：「曾經有母親帶小孩到阿姨家過暑假，就再也沒來接子女的案件，最後回來就是要求子女扶養，但因為母親沒有正當理由地未盡扶養義務，所以法院給予子女勝訴的判決，令子女無須對母親負扶養義務。」

或是另一種可能的情況，在台灣桃園地方法院一〇六年度家調裁字第十九號裁定中：「父母協議離婚，約定監護權跟扶養費都是母親來承擔，父親這些年來都沒有扶養過子女。法院認為法律規定離婚後還是不會免除父親的扶養義務，最後也因此裁定子女勝訴，之後都不用扶養父親。」

所以，對小袁來說，最有利的方式，就是找舅舅當證人，證明即使是他還跟爸爸同住時，爸爸也從未負擔任何扶養義務，而且在小袁上國中後，就沒有原因地銷聲匿跡，再也未盡任何扶養義務。

這是免除扶養義務的案件在法院中最常見，也最可能勝訴的主張。

## 在法律與倫理之間

「你爸沒有盡到做父親的責任，不但沒有成為子女可以仰望的背影，多年來不事生產，從你小時候、青少年到成年的生活陪伴及教育照顧，都選擇缺席，從來不曾給你任何關懷，你們父子形同陌路。在法律上，的確有空間爭取免除扶養義務的，這個案件，我們會盡力爭取。」我真的很希望為他勝訴。

「雷律師，我多問一句。**不談法律，如果是你，會去扶養這樣的爸爸嗎？你會覺得我很不孝嗎？**」電話結束前，袁先生沉痛地問我。

「我不知道……」畢竟，我只是個律師。「我能做的，只有盡力替你打贏這場官司。」

### 大家來思考

古人說：「天下無不是的父母。」但事實真是如此嗎？我想起電話會議中，小袁提起「爸爸」時，那麻木不帶感情的語調。或許，是因為這樣的人不能被稱為父親吧。

# 老爸死了，突然跑出私生子來分遺產？

那天，我第一次看到陳總動怒。往常面對公司經營權爭奪的泰然自若不復存在，從來沒聽過他罵起三字經那麼溜。

「×的，當初我爸年輕還窮困潦倒時，那個女人自認是千金大小姐，打死不願意結婚，連我阿嬤都開口求她，她也不為所動。後來果然，孩子生了，其他有錢男人出現了，就沒良心帶著小孩跟別人跑了，幾十年過去都沒半點消息，甚至到我爸臥病在床那幾年也沒見他來看過。

「我爸有現在的事業版圖，全靠我媽辛苦陪伴。今天我爸走了，她竟然有臉帶著小孩跑來要分遺產，說她兒子跟我們和我媽一樣，有權利分一份，這真他×的太誇張！

「律師，這不是錢的問題，但這個不知道從哪冒出來，甚至和我們不同姓的陌生人先說是老爸的兒子，然後還要來分遺產，無論情感或理智上，我都無法接受。你一定要幫我好好教訓這兩個貪婪的傢伙！」

這樣的案件，屢見不鮮。

簡而言之，就是老爸在外面有了些私生子女，私生子女也像陌生人般消失無影蹤了大半輩子，直到老爸駕鶴西歸後，忽然，一個個如雨後春筍般冒出頭，要來分遺產。

每次遇到，我都會先以羨慕又哀怨的眼光看著當事人。

羨慕是因為根據經驗法則，爸爸年輕時候通常有錢（有錢有閒，才會自然而然也有了私生子女），爸爸老了也還有錢（因為遺產夠多，私生子才會在躲了一輩子後，願意承認自己是非婚生子女，出來爭執）。有個有錢的老爸總是讓人羨慕。

哀怨則是每次當事人說出「錢不是問題」時，我的下意識反應。民事案件基本上就是在妥善公平地分配經濟利益，所以當事人說不在乎錢卻要來打民事訴訟，往往就是搞不清楚自己要什麼，理所當然會無止境地變換訴訟主張，這是律師永遠的夢魘。

羨慕完，哀怨完，嘆口氣，還是得乖乖地回答問題。

### 雷律師釋疑

確認親子關係的爭議，可以分為兩部分來看。

## 生父過世後，才請求「死後認領」，合法嗎？

**第一，這個陌生人能不能在生父死後，要求法院：「請認證我是我爸爸的兒子。」**

這個問題單純，在民國九十六年五月，依《民法》修正過後的第一〇六七條第二項，答案是「可以」。因為雖然生父過世了，但是基於中國傳統文化認祖歸宗的傳統，讓非婚生子女確認他們的爸爸是誰，還是有法律及社會意義的。

「喔喔，這個我懂，當初章孝嚴就是這樣改叫蔣孝嚴的。」陳總點頭接話。

嗯……好像也不是這樣，這個法其實是九十六年才修的，而章先生在民國九十四年就改姓成功了。當初他並不是透過法院的生父死後認領程序，而是透過有錢有權無所不能的中華民國行政機關，「特例」直接做改名的程序。至於行政機關為什麼會讓這件事情通過，其實我也和許多人一樣，百思不得其解。

## ●著名案例：王永慶家族

真正有名的案件是「經營之神」王永慶過世後，冒出來非婚生子女羅姓三人，要請求「死後認領」的訴訟案件。

在這個案件中，雖然一、二審法院認定羅姓陌生人屬於王永慶的子嗣，但最高法院認為，就羅姓陌生人的養父是否有「收養」的事實，二審法院沒考量清楚（因為如果被其他人收養了，就會中斷認領的效力），所以發回最高法院重審。

最後，據說羅姓陌生人與王家的繼承人們以三億元達成和解，羅先生放棄上訴。

## 私生子在爸爸死後才出現，可以分財產嗎？

**第二，當非婚生子女經過「死後認領」的程序，成了生父的婚生子女後，可以來分父親的遺產嗎？**

這個問題比第一個複雜多了。

因為《民法》第一〇六九條規定，當私生子依前面所列的《民法》第一〇六七條，認領成生父的婚生子女時，依法，這樣的關係應該追溯到他出生的那一秒，也就是當他一出生，就是生父法律上的兒子，不再是私生子（非婚生子女）了。如果從這個角度來看，似乎他是可以分生父的遺產的。

## ●例外情況：不能影響到其他人已取得的權利

但是，第一〇六九條還有個但書（即例外），明定「讓其溯及取得生父婚生子女地位」的這件事，不能影響到其他人已經取得的權利。

陳總問：「什麼叫做『其他人已經取得的權利』？我在老爸往生時取得的繼承權算不算？還是要等遺產都分割、分配完，變成了我們的財產，才算我們已取得的權利？」

我回答：「你說的這些，正好就是這個問題真正的爭議。」

**【第一種情況】父親過世後，遺產還沒有分的時候，私生子就已經出面請法院進行「死後認領」，變成婚生子女，那他可以來分財產嗎？**

依據最高法院一〇三年台上字七六八號判決，這個問題的答案是「肯定」的。

如果遺產還沒分，由於不會影響到交易安全，也不會有後續財產不斷變動的問題，法院就會認定陌生人婚生子女也可以來分。

**【第二種情況】當所有婚生子女們繼承父親的遺產，遺產分配好以後，那個後來才被法院認定為婚生子女的陌生人，能不能來討遺產呢？**

關於這一點，法院見解是比較一致的，結論到目前為止都是「不行」。

主要是因為怕財產長期處於「不確定到底該給誰」的狀態，等子女分完遺產了，甚至已賣給他人了，私生子才出面來要，所有事情就會複雜到難以收拾。這種不安定的狀況是法院不樂見的。

所以這個問題，問我跟問火雲邪神得到的答案差不多：天下武功，無堅不摧，惟快不破。

「火雲邪神？」陳總滿臉疑惑。

我迅速做了總結：「沒事，我隨便說說。總之，要不讓這個未曾謀面的陌生人分你爸爸的財產，在法律上可行的做法就是在私生子來打『死後認領』的訴訟前，快點把遺產分一分。」

## 大家來思考

「其實，如果真的不在乎錢，讓日子過得比較不好的私生子女，依法能得到生父留下的財產，改善生活，或許也算是符合爸爸的遺願？」

但這話我沒說出口，只默默看著陳總急切地聯絡也是久未謀面的兄弟姊妹們，忽然大家就像年輕時那般熟稔，急切地、萬眾一心的，談論著遺產分割的事。

# 遺囑的內容怎麼寫？

「邱瓈寬繼承恩師上億遺產遭質疑，法院判遺囑無效」，斗大的新聞標題橫在電視螢幕上。看完新聞，又是一陣心情沉重，我關上電視，躺在沙發上，進入一陣長思。

人生在世，身外之物是沒辦法帶走的，透過遺囑，讓自己的意志可以繼續活在世界上，決定想要留下什麼東西給自己的子孫、親人，甚至是把取之於社會的，再回饋於社會。但是，像邱瓈寬導演的恩師裴祥泉這種案件，雖然立了遺囑指定了遺產繼承人，卻沒有在立遺囑時，先了解法律的運作方式，在一知半解之下寫了遺囑，最後因為違反法律規定而無效，真是可惜。

**雷律師釋疑**

## 立遺囑時，一定要有「合法的」見證人

在這裡，我們要先有個基本觀念：**遺囑不見得都要手寫**。立遺囑的人可以選擇不用自己手寫遺囑，而以「口述」的方式立遺囑。

裴先生這個案件的問題，不在於遺囑不是他親手所寫，而是在這種情況下，為了避免空口說白話而引發日後紛爭，法律要求一定要有「見證人」在場。然而，依照《民法》第一一九八條，**並不是每個人都可以當別人的遺囑見證人**。

這是為什麼呢？

法律背後的目的可是歷史與經驗的累積，一方面，這樣子才能讓遺囑完全忠於立囑人的原意，由具有中立與判斷力的人來擔任；另一方面，也避免有心人士從旁煽動，影響立遺囑人的後事決定。

這種情況我們都很熟悉，電影、小說，甚至是歷史課本，多少故事與歷史的情節

都跟「繼承」有關係：那些邪惡的叔叔、阿姨或親戚，為了奪得權位與財產，不惜捏造遺囑來改變繼承內容。

## ●這些人，禁止當遺囑見證人

原則上，二十歲以下的年輕人，或是老到不良於行的阿公、阿嬤，不能當見證人，因為他們對於生活的自理不具備完全能力，法律上不會讓他們來處理別人的生活問題。

再來，繼承人或受遺贈人也不能當見證人，因為這些人都跟遺囑有「利害關係」，未來都可能因為遺囑規劃而受好處。

**「受遺贈人」就是你想送遺產給他的對象。**例如：你想要在過世時送一輛名車給你的好麻吉，卻找了他來見證你的遺囑。萬一，他之後跟大家說你的遺囑是要送他兩輛車，怎麼辦？真的是死無對證了，你已經入土為安，沒有別人可以證明你的遺囑的真正意志。

從風險管理的角度來看，讓這些人參與遺囑的訂立過程，很有可能引起更多糾紛，為了防患於未然，因此禁止他們當見證人。

## ●裴祥泉的遺囑見證人爭議

裴祥泉採取口述的方式訂立遺囑，參照法院的判決，遺囑是這麼寫的：

……公司的帳處理完了之後，剩下的分給楊胖（楊智明）百分之三十，阿寬（邱璨寬）百分之三十，漢星公司員工百分之二十……

這樣的分配方式，看似沒有問題，但魔鬼藏在細節裡，偏偏在場聆聽口述的見證人中，竟有兩人是漢星公司的員工。

既然這兩人都是遺囑中所寫的受遺贈人，依照《民法》規定就是不能當見證人。未依法定方式所做的法律行為，就算法院覺得分配得很好，也只能忍痛宣判無效。

# 怎樣立遺囑才安全？

## ●立遺囑，有五種方式

首先，法律限定遺囑只能用這五種方式來訂立：自書遺囑、公證遺囑、密封遺囑、代書遺囑與**口授遺囑**。

**「自書遺囑」**就是不假手他人，自己寫下遺囑全文，並簽名以便查證真偽。

如果想要比較有公信力，到法院進行**「公證遺囑」**或是找代書立的**「代書遺囑」**，都是你可以選擇的方式，但是需要見證人或公證人在場。

假如你希望遺囑在離世後才曝光，就採用**「密封遺囑」**的方式吧。

這五種方式各有哪些法律上的要求，《民法》從第一一八九條到一一九八條都寫得很清楚，照做起來並不困難。

如果沒遵守這些規定，留下的遺囑很可能被法院認定無效，所以千萬不要貪圖簡便、輕鬆，而省略過程。

### ●不能違反「特留分」的規定

再來，一定要記得，雖然你的身後財產都是你的，但是遺產並不是能那麼隨心所欲分配的。《民法》第一一八七條規定，遺囑雖然可以任意約定分配方式，但是再怎麼分配，都不能違反「特留分」的規定。

因此，在撰寫遺囑與規劃遺產分配的時候，必須把這一點考慮進去。也許你能自由分配出去的錢並不如你想像的多，畢竟法律規定至少有一部分是要留給配偶、血親的。

無論如何，記得把「特留分」的打算也寫入遺囑中，不要讓受分配的人因為遺產而大打出手，這絕對不是你立遺囑的目的，不管是逝世者或在世者，都不樂見這種情況發生，最重要的還是一家和樂啊！

## 遺囑的內容怎麼寫？

### ●首先，把所有財產的種類「分點、分項」列清楚

可以先把你所擁有的財產種類，分點、分項列好。

例如：你有不動產幾棟、地段在哪裡、所有權的比例是什麼等。動產的部分，你要分的財產有哪幾輛車、哪幾件物品等。實務上也常見老一輩的人特別把珠寶分列一項，將一些祖傳首飾特別留給珍愛的家人。

分點分項列的好處是：一方面理清了自己的財產；另一方面，子女在分配時，不至於產生爭議搶財產。

## ●再來，直接列名繼承人，或先把財產編成清冊再分配

接著，就看你要在分點、分項中直接列名繼承人，或是先把財產編一份清冊再進行分配。

舉例來說，你可以寫：

本人所有財產如下：一、不動產，某市某段某號……，二、現金與存款，某銀行某帳號號碼……，三、股票與保險，某帳戶……，四、珠寶……

列完之後，再寫：

不動產某市某段某號，由A繼承二分之一，B繼承二分之一；現金與存款某帳號由C繼承全部……

當然，可以依照自己的狀況再去做更動。若你的財產規劃比較複雜，可以尋求親人或律師協助。

## 在遺囑中，能不能囑託他人替你辦事情？

你有沒有看過一部電影，叫做《一路玩到掛》（The Bucket List）？片中的主角在得到不治之症以後，列下了一張清單，寫下臨死前想做的事，接下來，電影就在演這一段實現的過程。假設他們在死前沒辦法把所有的願望都實現，能不能選擇用遺囑來要求後人替自己達成呢？

除了上述財產的分配有法律限制，遺囑就像是你的遺書，你當然可以隨自己的意願去書寫，如果有遺願想要達成，也可以寫在裡面。

但是，遺囑並不是契約，你可以寫「我想要我的骨灰撒在太平洋，讓我漂洋在大海」，但後人在法律上並沒有義務去做。如果你真的很想達成遺願，害怕後人不代為執行，可以**在遺囑中事先指定遺囑的執行人**。由一個家族外的好朋友替你執行遺囑的內容，也許你比較放心；當然，若你信得過，選一個繼承人來執行也是可以的。

另一個辦法是**採用遺贈的方式，附上你想要的條件，由受遺贈人替你執行，在他照實履行以後，才能把遺贈的財產拿走。例如：「希望我的好友某某替我將骨灰安置於某處，於達成後，將某現金帳戶餘額××元交由其繼承。」**

## 大家來思考

對大多數人來說，寫遺囑都是太早的事，努力工作，認真享樂，誰想要去煩惱死後的事呢？但，後事的交代與分配其實影響頗大。

舉一個我親眼見過的遺產紛爭，在某個案子裡，過世的父親並沒有留下遺囑，以至於子女們為了誰該分多少而互鬥，彼此告來告去，舊恨新仇在父親過世後一次爆發，到最後變成互揭瘡疤、互相傷害。百世修來一世緣分，卻因為遺產，形同陌路。辦這件案子時，心情格外沉重。做律師這些年來的經驗告訴我，最難處理的不是金錢上的分配，而是人類的情感，不管是對原告還是被告來講，都是心靈上最深的傷害。

也許子女間的不和，並不是家長能夠處理的。本來就不能妄想透過遺囑來解決一切，但如果那位父親能夠預先處理遺產的分配，子女就算對父親的分配有異議，既然遺囑白紙黑字，也只能摸摸鼻子認了。一份遺囑，也許就能澆熄些紛爭的導火線。

看看歷來的經驗，王永慶案、張榮發案、裴祥泉的這個案子，如果都能有一份依法撰寫的遺囑，能省下多少時間與力氣？能少撕破多少張臉？

不妨試著寫寫看自己的遺囑：

假如你就要過世了，你希望你的財產怎麼分配？你希望留給誰？你希望留下什麼？

在這個過程中也許會發現，對你來說，什麼才是真正重要的事，與真正重要的人。

# 第六章

# 性

雖說食色性也，但在我們的法制下，對於「性」這件事，包括：不能交易、包括自主決定的年齡，都還設有相當的限制。而有關性、猥褻、妨害風化的案件，從司法判決上線以來，也有將近五萬件。

像強制性交等昭然若揭的性犯罪令人髮指，法律的構成要件卻也清楚，如果有確切的事實，是否有罪，一目了然。

但是，在「性」這件事愈來愈開放的現在，許多其他的行為到底只是道德上該被非難，罰錢了事，還是已經構成了刑事罪責，大家似乎就沒能分辨得那麼清楚。包括：權勢性交、性交易、性騷擾和強制猥褻的界線。

另外，目前有多元的影音截錄設備與交友平台，也產生了許多利用「性」作為要脅的犯罪型態。

我們都有欲望，但欲望的出口百百種，希望大家在更了解法律的界線之後，避免再整天說食色性也，結果最後食了牢飯。

# 性騷擾，有理說不清？

趁著日幣貶值，我去日本旅遊了幾天。身為一名律師，可能是工作使然，回國後提到日本，讓我印象最深刻的竟然是各種交通工具上貼滿了「注意痴漢」、「痴漢出沒」等等的警語。日本政府為了遏止性騷擾或猥褻案件，還特地設計了女性專用車廂，來預防犯罪事件的發生。

記得十多年前，有一部日本電影《嫌豬手事件簿》，劇情是講一名無辜男子在電車上，被一個女高中生指認為性騷擾的嫌犯，當場被逮捕，之後，他經歷了警方訊問、檢方起訴及法庭審判等過程，但他其實是冤枉的。

其實，這種被冤枉的故事不只在戲劇裡發生。性騷擾、猥褻案件通常都只有被害人的證詞，鮮少有其他的物證或人證，才會導致當事人受冤枉的情況層出不窮。

從八十八年以來，起訴到全國各地方法院關於「性騷擾」的案件，總計有將近一千五百件，最後被判刑、拘役或是罰金的案件比例，大約是百分之七十六；關於「猥褻行為」的犯罪則有大約六千五百件，最後被判刑、拘役或罰金的案件比例，大約是百分之七十九。兩者都遠低於目前台灣所有刑事案件的平均定罪率百分之九十四，似乎是法院已特別注意，避免這類冤案。

但是，真的就沒有被冤枉的案件了嗎？

**雷律師釋疑**

## 車站廁所愛撫的「強制猥褻罪」

前些日子，有一名二十歲出頭的年輕人來找我諮詢，忐忑不安地告訴我發生的事。

「幾個月前，有天晚上我去夜店，和一個女孩聊得很開心，後來我們一起離場，去汽車旅館過夜。但因為兩人在夜店都喝多了，到了汽車旅館，都不勝酒力，分別睡著了。第二天，我送她去車站搭車，在等車的時候，和她在車站廁所裡有一些親密愛撫，最後我送她上了車，過程中完全沒有察覺到有任何異樣。

「結果昨天晚上，那個女的突然打來，劈頭就說：『那天在車站，我的包包掉了，你得賠償我！』

「我是認為雙方可能都有點責任，我也希望能理性解決這個問題，所以我問她：『那大概價值多少呢？我要賠償你多少？』

「沒想到，她竟然獅子大開口！她說：『我的包包本來就是名牌，裡面有十幾萬元現金和其他值錢的東西，你至少要賠償我二十萬，否則我要告你在車站廁所裡的犯罪行為。』

「聽她說話的語氣，就像是照著稿念或是有人教她講的。因為她的話實在太不合理，我一時驚嚇，把電話掛掉了。現在該怎麼辦？我在公廁對她那樣，算是性騷擾嗎？」

依照他的說法，他並沒有犯罪，我也是這麼告訴他的。但是，有罪與無罪只在一線之間，他有可能涉及的部分，我還是必須跟他說清楚。

「這樣聽起來應該不是性騷擾，如果對方提告，可能會提告你涉犯強制猥褻罪，根據《刑法》第二二四條的規定，刑度是六個月以上、五年以下的有期徒刑。」

## 強制猥褻和性騷擾，有什麼不同？

許多人有這樣的疑問：「猥褻」和「性騷擾」，差別到底在哪裡？

### ●猥褻行為

依過往判決猥褻的定義是：「所謂猥褻行為，是指性交以外，足以興奮或滿足性欲之一切的色情行為」（參見「最高法院一〇〇年台上字三九三號判決」）。

也就是說，在客觀上足以誘發他人的性欲，在主觀上足以滿足自己的性欲，而侵犯了他人性自由的權利，使被害人有「受到侵犯」的被害感覺。所以「猥褻」比較偏向性侵害的概念。

### ●性騷擾

《性騷擾防治法》第二十五條規定的性騷擾是指：「對被害人之身體為偷襲式、短暫性、有性暗示之不當觸摸，含有調戲意味，使人有不舒服之感覺。」並不符合法律所指的強制猥褻。

## ●從實際例子來學習區分

簡單來說，是程度上與方式的差異：**「強制猥褻」有使用強制力；「性騷擾」是攻其不備。**

以「襲胸十秒無罪案」為例。九十四年時，這個案子的被告到彰化員林的「曼黛瑪璉內衣特賣會場」，佯裝要選購女用內衣，實際上卻從後方接近被害人，趁機違反被害人的意願，強行摸捏被害人的胸部長達十秒，以滿足自己的性欲。

彰化地方法院的判決認為，雖然被告有趁機出手撫摸被害人胸部的行為，但並未使用類似強暴、脅迫、恐嚇或催眠術等方法，只是趁被害人不注意、無法防備時，觸摸得逞，不符合《刑法》第二二四條所定的「強制猥褻罪」要件，最後判決無罪（參見「台灣彰化地方法院九十六年度訴字第二十五號刑事判決」）。

不過，台灣高等法院台中分院推翻了這項判決結果，認為被告利用女性內衣特賣會人潮擁擠，抓捏被害人的左胸長達十秒鐘。其實被害人可以拒絕被那樣抓捏胸部，但是受限於被告使用的方法，而不能抗拒，於客觀上已足以壓抑被害人的性自主決定能力，「顯已超過單純調戲之程度，並非屬於性騷擾。」最後，判被告三個月有期徒刑（參見「台灣高等法院台中分院九十六年度上訴字第二三七四號刑事判決」）。

回到車站廁所的案子，今天他跟對方之間發生的，並非偷襲式的觸摸，但也沒有發生性行為，所以比較有可能構成的是強制猥褻罪。

他幾乎沒有證據可以證明自己是無辜的；不過相對地，對方也完全沒有證據能證明他有犯罪。一切只有靠雙方的證詞、事後的情況證據，與法官的判斷心態了。

## 回到事發地點，尋找有力證據

聽完我的說明，年輕人本來已不見血色的臉孔，瞬間變得更慘白，但是身為律師，我必須先把最壞的可能性告訴他。

「接下來的程序，最壞的情況大概是這樣：如果對方向警方報案，你可能會需要去做筆錄。警方在蒐集完案件資訊送到檢察官那裡之後，會開偵查庭，若檢察官認為你的犯罪嫌疑重大而起訴你，案件就會到管轄的地方法院開始審判。除非你想要以金錢與對方和解，否則你必須先有心理準備，根據數據顯示，你可能得面臨牢獄之災。」

那瞬間，我又想起電影《嫌豬手事件簿》中，被冤枉的被告對於自己清白的堅持。

「假如實際情況如你所說的，我不會要你一定要妥協。對方將冒著可能構成『誣告罪』的風險來對你提告，這是我們必須先發函提醒她的。我相信，如果你所言屬實，在過程中，我們可以盡可能地尋找證據，甚至要求『測謊』來證明清白。

「無論如何，第一步可能還是要先去問車站人員，看看那裡的監視錄影器是否可能還有當天的畫面，如果能找到你們倆事前與事後是好聚好散的畫面，多少能影響判決的結果。」

過往也有案子，被害人指控被告在酒店對她強制猥褻。但法官在審理過程中，認為被害人在事發後有遇到警察卻未報案，違背常理，而且她的證詞前後不一致，證人的證詞也只是聽被害人轉述的傳聞等等，最後因為罪證不足，判被告無罪（參見「台灣台北地方法院一〇三年度侵訴字第七十三號刑事判決」）。

最後，我對年輕人說：「縱然現在檢察官起訴後的定罪率高，但無端為自己從未做過的事妥協、賠償，我知道沒有人心裡過得去。是戰是和，你還是得自己決定。」

## 大家來思考

這個擔驚受怕的年輕人，最後的情況如何呢？他的案子送到了檢察署，當事人決定花錢消災。

雙方和解後，告訴人不再對案件做說明，最終檢方也以罪證不足為由，下了不起訴處分。

# 性愛影片被前任情人外流，怎麼辦？

「欸欸欸欸小雷！還記得我嗎？我是豹哥，以前當兵新訓時，睡你隔壁床的。」

電話那一頭傳來劈里啪啦一大串的熱情問候，原本我對這個聽起來有些熟悉的聲音來源感到疑惑，聽到是豹哥之後，以前當兵時的所有樂事、鳥事，都像跑馬燈一樣重現腦海。個性開朗的豹哥是個非常無私的人，新兵訓練的時候，我受到他太多照顧，如果沒有他罩，我的阿兵哥生活應該會再痛苦八十七分。

「豹哥啊！多少年沒見了，你好不好？」我開心地問候他。

沒想到他變得吞吞吐吐起來。「唉，一言難盡……想說你現在在當律師，我遇到一件麻煩事，會有損我一世英名，想問問你該怎麼辦……」

我趕緊問他：「聽起來似乎不大妙？」

豹哥開口了，帶點扭捏地說：「前陣子，我和女友分手了。她一直想跟我復合，但我覺得大家好聚好散嘛，結果她威脅我說如果我不答應復合，她就要把以前我們同居時的影片、照片，全都放到網路上公開，其中還有她沒告訴我就偷拍的。這樣子，我們以前錄的一些親密影片，無論是親吻或啪啪啪全要被看光光了，而且不曉得她還拍了什麼。還有……我刺在後背的……無嘴貓可愛刺青，也會被大家知道，我很擔心我的少女心外流。

「小雷啊，我應該怎麼辦啊？可以給我一點律師的專業意見嗎？」

這種事情真的屢見不鮮，像是女明星私密照外流、李宗瑞事件，新聞都鬧得沸沸揚揚，大家應該記憶猶新。這類案子送入法院的，一年還是有兩百至三百件，更不用說私了的，甚至你、我身邊的朋友可能也會遇到這樣的危機。生活在數位時代的我們，不能不謹慎注意。

豹哥該怎麼面對這樣的狀況？偷拍他人的私密畫面並外流，會有什麼問題？

## 雷律師釋疑

### 偷拍他人，可能觸犯「妨害秘密罪」

只要你無故使用工具對別人的「非公開活動、言論談話」或「身體隱私部位」偷拍、偷錄影、偷錄音，根據《刑法》第三一五條之一「妨害秘密罪」的規定，可能會被判三年以下有期徒刑、拘役，或被處三十萬以下的罰金。

### ●怎樣算「非公開活動」？

不過，怎麼樣算「非公開活動」？**只要在隱密性的空間，同時，活動者心裡對自己在這個空間裡所做的行為，有隱密性的期待——這樣就算是非公開活動。**

所以即使沒有露點、衣服穿得好好的，但是偷偷記錄別人在隱密空間裡做的事，就算是「妨害秘密」。例如：穿著清涼在床上熟睡被偷拍，穿著內衣褲在家悠晃被偷拍，剛出浴室，只圍著浴巾在整理衣物……這些情形都經過法院認證為「非公開活動」。

## ●什麼是「身體隱私部位」？

「身體隱私部位」，**除了可想見的性器官部位之外，一般人不願意暴露在外的身體私密處，也屬於法律上的身體隱私部位。**所以在法院的認定上，比一般我們想像的身體部位還廣。例如：法院曾經認定，偷拍別人側身躺在床上的裸背，即使沒有露點，仍然屬於他人的身體隱私部位，沒有得到他人同意就按下快門，小心已經成罪。

因此，豹哥的前女友偷偷記錄他們兩人接吻、啪啪啪，或圍著浴巾裸露上身在房間內活動的行為，都算是無故竊錄了豹哥的非公開活動，可能已成立《刑法》第三一五條之一的「妨害秘密罪」。

## 分享親密行為影片，可能觸犯「散布猥褻物品罪」

把親密行為的照片、影片上傳到網路，公開和大家分享，可能會觸犯《刑法》第二三五條第一項「散布猥褻物品罪」。

記錄親密行為的照片、影片，只要是足以刺激或滿足性欲的照片、影片，都算是猥褻物品，如果散布這樣的猥褻物品，就可能受到「散布猥褻物品罪」的刑罰。

換句話說，**不管你錄影或拍下那些親密行為時是否有經過對方同意，只要上傳到網路與大家分享，都會成罪**，可能會被法院判處兩年以下有期徒刑、拘役，或科或併科三萬元以下的罰金。

> **併科：**「一併科處」的意思。
> **或科或併科：**「或科」的意思就是我可以處罰你「兩年以下有期徒刑，或三萬元以下的罰金」（選一個）。「併科」則是指我處罰你「兩年以下有期徒刑，和三萬元以下的罰金」（都罰）。

曾經有個案件，男方不滿女友提分手，內心怨懟，便透過FOXY軟體平台，四處散布前女友裸露胸部、性器官與兩人上床的照片。法院認定，**無論女方有無同意拍攝**，男方這樣的行為已經構成犯罪，最後他被判處七個月有期徒刑。

如果豹哥的前女友真的把他們那些轟轟烈烈的私密影片、照片外流給大眾，同樣也有觸犯《刑法》第二三五條「散布猥褻物品罪」的問題。

## 威脅，可能觸犯「恐嚇危害安全罪」

如果以傷害他人的生命、身體、自由、名譽、財產為手段，恐嚇他人，使對方擔心自身安危，就觸犯了《刑法》第三〇五條的「恐嚇危害安全罪」，可能被法院判處兩年以下有期徒刑、拘役或三百元以下的罰金。

像是：「你掛我一次電話，我就把裸照多傳給一個人。」「不跟我復合，明天等著讓大家看你的私密照！」……這些內容都構成了「恐嚇危害安全罪」。

假如豹哥的前女友真的這麼做，不但喚不回過去的感情，還可能會面臨恐嚇的刑責，得不償失。

## 大家來思考

現在這個年代，通訊軟體發達，科技產品氾濫，許多「珍貴」的時刻都能被完整記錄下來。不過，在記錄前要三思而後行，最好先取得對方的同意，避免自己陷入觸犯「妨害秘密罪」的風險。

另一方面，其實建議大家不要同意對方拍下你的私密畫面。美好的瞬間，留在眼底就夠了。就算當時原本只是情侶之間的情趣，但你永遠不知道，哪天對方會不會變成可怕情人，私密畫面又會流到誰的手上。這永遠是一顆不定時炸彈。

# 惹上了仙人跳，就算跳到黃河也洗不清？

聽過「坐懷不亂」、「色字頭上一把刀」這些詞語或者這類故事吧？這些都是在告訴大家：順「性欲」而為，有時是會帶來危險的。詐騙集團常利用人性的弱點，來陷害在性方面意志力較薄弱的人，設局讓你愛上他／她，或是故意放長線，營造豔遇氛圍，然後在你上鉤之後——「哐啷！」夢想破滅，一切都是假的。

「仙人跳」這個詞，大家都不陌生。古早時候的仙人跳，多半是由情侶、夫妻檔設局陷害痴情的傻男人。後來，台灣社會常見的仙人跳則是發生在酒店，劇本大致是這樣的：

安排小姐和「冤大頭目標」一起喝酒，接著小姐說想去泡溫泉、看夜景，兩人便奔往汽車旅館，翻雲覆雨才剛剛開始，好幾個大哥直接來敲門，幫這個冤大頭拍幾張不雅照，有些甚至不用講話，排排站就讓冤大頭知道，自己應該上繳「遮羞費」，才走得出那個房間。

## 網路仙人跳

而近來，許多仙人跳騙局已不再尋找已婚者，也不再跟酒店合作，直接透過網路PTT的××版、b××talk、g××dnight……各種型態陌生的交友軟體平台，騙徒只要單槍匹馬上陣，躲在鍵盤後打幾段話你來我往，三言兩語就令寂寞難耐的宅男宅女們出門趕赴一夜春宵，接著，如出一轍的劇情，如果冤大頭不接受條件，不是威脅要把猥褻照散布出去，就是威脅他們會走刑事途徑，去警察局報案、提供證據，要告冤大頭妨礙性自主。

發生這樣的狀況，可能涉犯的罪名包括：「強制、乘機的性交罪或猥褻罪」，這些罪都很重。萬一網路對象未成年，涉犯《兒童及少年性剝削防制條例》之相關規定與判刑都將更重，下場只有更悽慘。

## 雷律師釋疑

### 我們都以為「受害者不會無故指控」

假設你在路上看到一對男女，女人衣衫不整，身上還有些紅印，向你哭訴說對方強吻；又或者在法庭上，看到女人聲淚俱下地控訴性侵，而男人只說著：「我沒有！」「我們是兩情相悅……」

誰的話比較可信呢？

說實話，如果是我，也會像許多人一樣在第一時間相信女方的說法，甚至自以為有騎士精神地選擇保護女方，攻擊男方。

然而讓我們客觀一點思考：在合意性交的情境中，男女會衣衫不整、身有紅印，甚或有性交後留下的衛生紙、保險套。

如此看來，「控訴者」的證詞和性別角色，似乎對第一印象的影響甚鉅，在法院的實際判決裡也有類似的情況：**同樣是證詞，在妨害性自主的案件中，告訴人（說自己被性侵的人）的證詞被採納的可能性，往往都多過於被告的證詞。**

因此，在這樣的情況下，遭遇仙人跳的被告得花上更多力氣，來證明自己是真正的受害者。

對於被告來說，被仙人跳是件不名譽的事，往往事後極少向友人提及，而能在案件中出庭為自己作證的人極少，往往只有自己。但相反地，若告訴人一方真的是惡意誣陷，馬夫（負責接送性交易者）、酒店經理或後續相關的對話證據往往一應俱全，法官採取正常角度篩選證詞、證據，只要沒什麼大瑕疵，很可能會相信。

## 翻案的困境：證據稀少

如同前面說的，仙人跳常發生在從酒店把小姐帶出場後，或是利用交友軟體相約見面。在這些情況下，聯絡過程與見面場所，往往都具有一定的隱密性，鮮少有人在大庭廣眾下大聲喊：「我們去開房間吧！」因此，除了雙方以電話或口頭上的約定、所剩不多的訊息紀錄之外，往往沒有其他證據能證明雙方是如何搭上線，對性交一事是否本來就在預期之中。

但相反地，騙徒早就想好要怎麼去設計目標，什麼話能夠留在通訊軟體中，什麼話只用電話講，才不會留下把柄給你。甚至更高竿的，還知道要怎麼「在過程中」蒐集證據（例如：以增進情趣為藉口，拍攝兩人性交過程的影片、照片），或是拿目標身上的DNA（比如：口水或完事後的衛生紙）。

更別說受害者，遇到突然有人闖進房間，往往無所適從，就這麼被對方牽著鼻子走，對方要什麼，就先答應什麼。

雖然性交後，獅子大開口要求巨額賠償這件事本身就有些不對勁，但實務上部分判決認為：索賠與否，並不能直接決定是不是仙人跳。在法官看來，索賠其實是合法的民事賠償手段，與是不是仙人跳是兩回事。被告不能拿告訴人索賠巨額款項來反證自己是無辜的。

唉！一邊是熟悉犯案且預謀許久，另一邊只是個色欲薰心，色急攻心，打訴訟其實是在「比證據」，你覺得是騙子會贏，還是受騙者贏呢？

## 完美無瑕的證據，反而成為破綻

不過，倒也不是所有仙人跳的案件都死定了。實務上，還是有發現是「告訴人」

設局仙人跳，被告最後獲判無罪的例子。

## ●網路聊天室的陷阱

台灣高等法院就有這樣的案件，被告在網路上的「愛情公寓」聊天室認識一個女人，聊了一陣子後，雙方開始見面約會。某天，女人到被告家裡看電影，雙方情投意合，親吻、愛撫，接著正要翻雲覆雨時，女方說太快了，男方也就停下。之後，男人載女人外出用消夜，然後去捷運站搭車。男人事後還覺得自己真是個紳士。沒想到幾天後，她到警局提告性侵，夢中情人成了告訴人。

在審判過程中，雖然告訴人的證詞、她身上的ＤＮＡ證據，都指向雙方有親密接觸，但告訴人在驗傷、警方詢問的過程中，表現得實在太過老練，甚至主動提出各種ＤＮＡ痕跡給醫院檢驗，好像一切早就準備好了，讓法官覺得事情不單純，於是更進一步審酌，雙方吃消夜時，告訴人有離開被告的視線，並與友人通電話，但是都沒有求援，事後也沒有立即報警，而是帶人上門找被告要錢。最後認定這是一件仙人跳案件，被告無罪。

## ●青少年的詐欺取財陷阱

另一個案件發生在新北地院。

幾名青少年約苦主同學A到汽車旅館喝酒、唱歌，期間，由一位女同學裝作不勝酒力，要受騙的A扶她到另一個房間休息，兩人發生了關係。

沒想到一切都是設計好的！幾名青少年甚至在房內裝了攝影機，兩人一發生關係，那個女同學就佯裝遭性侵，找朋友哭訴，營造出被性侵的事實，他們再假裝為女同學仗義執言，向受騙者家屬要求賠償，威脅要洩漏影片等。

不過，在這個案子中，**由於一切都安排得太過完美，破綻也就太明顯**，沒有經過太多調查，幾名青少年就承認了犯行，最終，設局者反而成了詐欺取財的被告。

## ●學習自保

這兩個案子，我們知道：**除了證據、證詞，如何從對方提供的證據當中找到矛盾、瑕疵和不合邏輯的蛛絲馬跡，也很重要。**

若真的不幸遇上這些案例的情況，**切記要保留自己與設局者之間的所有通聯內容、**

**單據**。還有，一旦你覺得突然約你出來見面的對象有任何可疑形跡（例如：不斷問你家境如何，你的收入，無事獻殷勤，或是人生中從未碰過的大帥哥、大美女……），除了沉浸在被喜歡的優越感之中，你可能也得想想，多少做些保護自己的準備。

## 大家來思考

這些訴訟上的舉證，說實在的都只是努力在亡羊補牢，一切的一切如果能不要發生，那當然更好。

現在有愈來愈多人喜歡上網交友，透過交友軟體聊沒幾句，就約出來見面。但請記得有被仙人跳的危險，不要以為自己是三十公分、G罩杯，而吸引別人寄信給你，天上不會有那麼多掉下來的禮物。約見面或帶出場以前，先好好想想這一切能夠實現是不是「太」順利，是不是有哪裡不對勁。先好好地冷靜下來思考，不要被下半身控制了上半身。

# 性侵害羅生門，關鍵證據是什麼？

有一件補教名師陳星遭指控誘姦未成年林姓少女的案子，許多人仍記憶猶新。

而後，在一〇六年八月二十二日，台南地檢署發布新聞稿，內容是不起訴陳星。民眾譁然。

接著是一〇六年九月五日，再議結果也出爐，一樣維持原有的不起訴處分。

當時，你是氣得大罵司法已死，還是臭罵檢方？

我讀了《房思琪的初戀樂園》，也看了台南地檢署的不起訴處分書，覺得這是一個需要被大家討論的議題。

### 雷律師釋疑

## 調查的三條罪名

有關法律的討論，我們通常會從確定事實和找到這個事實可能要運用的法條（罪名）開始。

在這個案子裡，檢察官以三條罪名展開調查：《刑法》第二二一條的「強制性交罪」、第二二七條「與未成年人性交罪」及第二二八條「利用權勢性交罪」。

無論是根據《房思琪的初戀樂園》這本小說、林女閨密的證詞，還是根據陳星自己的說詞，都不否認兩個人之間有發生性行為。所以重點在性行為發生的過程中，有沒有年紀太小、因為權勢被迫、運用強制力脅迫的情況。

其中，在第二二七條「與未成年人性交罪」部分，依法要與十四歲或十六歲以下的未成年人性交，才構成本罪。根據檢方調查，兩人相識及所有的聯絡紀錄，均在林女高二時去陳星的補習班上課後，當時她已滿十六歲，所以本罪無法成立。

因此，陳星有沒有犯罪的重點，在他的行為是否構成法律上定義的「強制」或「利用權勢」。

第二二一條的「強制性交罪」部分，強制性交要有強暴、脅迫手段，這個案子自始都找不到強暴、脅迫的證據，唯一提及強制手段的證據似乎只有《房思琪的初戀樂園》一書，但是林女的前一本著作《初戀》（因為劇情相似，被當成這本書的原型）卻又沒有強迫的劇情。加上她的閨密、朋友們的證詞，似乎也都沒有聽過她抱怨被用任何強暴脅迫的手段。如果單憑《房思琪的初戀樂園》的書中情節、「真實故事」這些字眼，要認定強制性交真的是十分困難。

## 什麼是「權勢性交」？

因此所有討論的重點，可能都會落在第二二八條「利用權勢性交罪」。

在實務上，過往判決「利用權勢性交罪」成立，必須要具有親屬、監護、教育等上下關係，而且利用此關係脅迫相逼，才能構成。

這個案子，與過去成立的案件有兩個不太一樣的地方：

## ●發生性關係的時間點，兩人之間是否還有權勢關係？

**一：在兩人發生性關係的時間點，陳星對林女是否還有權勢關係？**

此案的檢察官認為，由於陳星和林女發生關係的時間點，根據證據資料顯示最有可能是在九十八年八月，而補習課程是在九十八年六月底結束，所以雙方發生關係時，陳星對林女已無權勢關係了。

但是在其他案件中，也有法官認為權勢關係不是這麼容易一刀兩斷的，教育關係只要教師延續先前就學時期的互動模式，學生對於教師，主觀上仍認知對方是師長，存有尊敬與信賴，就算實質上已無師生關係，仍有成立《刑法》第二二八條的權勢可能。

## ●兩人是補習班的師生關係

**二：兩人並非一般學校的師生關係，而是補習班的師生關係。**

過往成立權勢性交的案件，比如：推拿師與病人（看診時，病人都聽推拿師指示）、學校體育老師與學生（學生的體育分數都看老師）、仲介與看護移工（「你不乖，就送你回家鄉！」）。但是在這個案子中，檢察官認為：「學校老師可以給你低分、可以不給過，影響你能否畢業以及就學、升學權利；相反地，補習班是你自願付錢上課、加強學業，就算你不乖，補習班老師也比較不能對你怎樣。」所以沒有權勢問題。

不過，過往也曾有雖然是補習班老師，但是成立權勢性交罪的案例，那個案子主要是因為補習班老師威脅學生：「如果你不聽我的話，那我不教你了，若你不想考上好高中，可以繼續這樣（反抗）。」所以補習班老師也不見得完全沒有成立「利用權勢性交罪」的空間。

## 沒有證據，就不能起訴

在我看來，所有的問題還是出在「證據」，而不是大家爭辯得沸沸揚揚的法律判斷標準。在這個案子裡，林女已經過世，林女的家人也不願意提供日誌、手札文件或電腦等可能的相關資料證據。在沒有證據的情況下，很難主張有悖於常理的個案例外情況。

沒有證據就不能起訴，這樣是對的，如果可以單憑網友告發、書中情節就認定嫌疑人有罪，那我們的司法未免太粗糙。

## 大家來思考

什麼是誘姦？這不是法律的固定用語，在法律上有沒有具體代表什麼意義，沒有人知道。但現在可以確定的是：因為查無實際犯罪證據，所以不起訴。

「犯罪」跟「犯賤」是兩件事，法律處罰的是犯罪，犯賤是道德問題。

你可以討厭陳星（我也不喜歡），你可以批評他濫用地位、欺騙少女感情，但如果一個人沒犯罪，就不該用看犯罪者的眼光看他，不該用對待犯罪者的程序處罰他。

林女的事件是個悲劇，從中學習如何正確地認識憂鬱症、如何與受精神疾病之苦的人相處，比起濫發鄉民的正義，才能在未來幫到更多人吧！

# 買春買到未成年對象，怎麼辦？

世界上有一種交易行為，存在多久已無從考證：由一方以自身肉體向另一方換取到金錢、精品或食物等有價物品，在這個過程中，便產生出這種交易行為。

它普遍存在於社會，也就是大家所稱的「性交易」，或說「買春」。

## 雷律師釋疑

與未滿十八歲者性交易，是要坐牢的

現行的《社會秩序維護法》第八十條規定，從事性交易可處新台幣三萬元以下的罰鍰。然而，符合第九十一條之一第一項至第三項的「自治條例」規定者，不受《社會秩序維護法》第八十條約束，也就是說，可在地方政府所規劃的區域及管理下，從事性交易。不過，由於各縣市都未設立專區，所以目前在台灣不管從事任何性交易都是違法的。

另外，法律除了透過區域的規範來阻止性交易外，更藉由「年齡限制」避免兩性之間過早發生性行為。

在這裡要導正許多人一直以來的錯誤觀念，認為從事性交易並不是罪大惡極，就算被司法警察抓到，大不了依據《社會秩序維護法》付行政罰鍰，不必太在意。但這是個天大的誤會！關於法律罰則，還必須看到兩個條款。

依照《刑法》第二二七條規定，發生性行為的對象必須超過十六歲，要不然當事人會觸犯刑責。看到這裡，千萬別以為只要買春的對象滿十六歲以上，最多罰罰錢了事。

但其實還有一條：《兒童及少年性剝削防制條例》第三十一條規定，如果與十六至十八歲的對象發生性交易，刑責為三年以下有期徒刑、拘役或十萬以下罰金。

所以，「買小春」是要坐牢的！千萬不要以為對象只要超過十六歲，就一定能繳錢了事。千萬、千萬別因一時衝動而得不償失。

## 辯稱不知道對方未成年，可以脫罪嗎？

萬一，當下真的克制不住衝動而與對方發生了性行為，並有金錢交易，事後發現對方居然未滿十六歲，這時該怎麼辦呢？是不是可以如坊間傳言所說，向法院主張「我根本不知道她幾歲」？我聽許多人問過這個問題。

**到底能不能藉由提出「不曉得對方的實際年齡」，避免被法院判刑呢？**

其實，人的年齡與外表很難有一個統一的判斷標準，過去確實出現過不給予《刑法》上處罰的判決，但這樣的案件不多。

以下我舉正、反兩個判決為例，來看看法院在實務上，如何以年齡作為判決是否有罪的標準之一。

## ●有罪的案例

嫖客A男與未滿十四歲的B女發生性行為，並有性交易的事實。A男表示B女自稱是大學生，英文程度也不錯，而且他多次詢問她年齡時，她都表示已滿十八歲，雙方認識的地點又是在酒店，因此他相信B女所說的年齡，雙方才會發生性行為與性交易。

但法官認為，A男有一個與B女年齡相仿的小孩，本身又從事國際貿易工作許久，具有相當歷練及社會經驗，不難分辨對方年齡是否已滿十八歲。同時，A男說他一直問B女看起來怎麼如此年輕，顯見他心中對B女的年紀已有預見，心知B女很可能未成年，所以判決A男有罪，判處有期徒刑三年六個月（參見「台灣高雄地方法院刑事判決一〇〇年度侵訴字第八十五號」）。

## ●無罪的案例

嫖客C男在臉書上認識媒介的D男，由他安排與十四歲以上、未滿十六歲的E女發生性行為，並完成性交易一次。

在進行性交易之前，C男曾向D男確認過E女是否成年，除了得到她已年滿十八歲的回答外，在與E女碰面時，她也告訴C男相同的答案，宣稱自己已成年。

法官認為C男之所以相信E女已年滿十八歲，不僅因為媒介者及當事人異口同聲地給了相同的答案，更重要的是，E女當時的身高、體型並非嬌小或尚未發育，且案發時，她再一個月左右就滿十六歲，與滿十八歲僅有兩年的時間差距，再加上她刻意化上濃妝，更給人成熟的感覺。

要說C男預見了E女是未成年，還故意與她發生性行為與性交易，確實有所疑義，因此法院給了這個無罪的判決（參見「一〇六年度侵訴字第十二號」）。

從這兩個案子看來，被告的確能主張自己不曉得對方幾歲，但在訴訟實務上，法官會審酌被告是否「真的」無法辨別對方的真實年齡，包括：他有沒有去問、有沒有可能問得到，還有對方看起來的樣子和應對進退是否像未滿十六歲的小朋友等。

在法律上，為了保護未成年人，減少他們受侵害的可能性，並且避免對未成年人的身心健康及人格發展造成不良影響，**多數判決是認為：主張不知道對方未成年是卸責之詞，不足採信。**

## 大家來思考

性，是一種天生欲望，一種自然需求。但是為何法律要透過行政罰、《刑法》，來嚇阻大眾從事性交易？

從前面的兩個案例可知，因為這樣的行為極有可能侵害到未滿十八歲的孩子，甚至有年紀未滿十二歲的幼童。實難想像原本正應該是努力學習、快樂成長的孩子，卻被迫過早踏入成人世界，造成尚未成熟的身心靈受到摧殘，相信沒有人樂見這種情況發生。

性交易在某些國家已屬合法行為，台灣也在一百年通過《社會秩序維護法》的修法，各縣市政府能自行設立管理區來管理與從事性交易，但至今未有任何一個縣市設立管理區，所以大家切勿以身試法。

在台灣，性交易仍是違反《社會秩序維護法》，如果性交易的對象未滿十八歲，更是觸犯《刑法》或《兒童及少年性剝削防制條例》，而且對象年紀愈小，刑責愈重。僅因貪一時歡愉而遭受科刑，實在是得不償失。

國家圖書館預行編目資料

一不小心就被吉：白話的生活法律對策／雷皓明著. --初版. --臺北市：寶瓶文化, 2018.11,
面； 公分. --(Vision；167)
ISBN 978-986-406-138-9 (平裝)
1.中華民國法律

582.18 107018473

Vision 167

# 一不小心就被吉——白話的生活法律對策

作者／雷皓明

發行人／張寶琴
社長兼總編輯／朱亞君
副總編輯／張純玲
主編／丁慧瑋 編輯／林婕伃・李祉萱
美術主編／林慧雯
校對／丁慧瑋・陳佩伶・劉素芬・雷皓明
營銷部主任／林歆婕 業務專員／林裕翔 企劃專員／顏靖玟
財務／莊玉萍
出版者／寶瓶文化事業股份有限公司
地址／台北市110信義區基隆路一段180號8樓
電話／(02)27494988 傳真／(02)27495072
郵政劃撥／19446403 寶瓶文化事業股份有限公司
印刷廠／世和印製企業有限公司
總經銷／大和書報圖書股份有限公司 電話／(02)89902588
地址／新北市新莊區五工五路2號 傳真／(02)22997900
E-mail／aquarius@udngroup.com

法律顧問／理律法律事務所陳長文律師、蔣大中律師
如有破損或裝訂錯誤，請寄回本公司更換
著作完成日期／二〇一八年九月
初版一刷日期／二〇一八年十一月八日
初版四刷日期／二〇二四年七月二十九日
ISBN／978-986-406-138-9
定價／三三〇元

AQUARIUS 寶瓶文化事業

# 愛書人卡

感謝您熱心的為我們填寫，
對您的意見，我們會認真的加以參考，
希望寶瓶文化推出的每一本書，都能得到您的肯定與永遠的支持。

系列：Vision 167　**書名：一不小心就被告——白話的生活法律對策**

1.姓名：________________　性別：□男　□女

2.生日：______年______月______日

3.教育程度：□大學以上　□大學　□專科　□高中、高職　□高中職以下

4.職業：______________

5.聯絡地址：______________________________________________

聯絡電話：________________　手機：________________

6.E-mail信箱：____________________________

□同意　□不同意　免費獲得寶瓶文化叢書訊息

7.購買日期：_____ 年 _____ 月 _____日

8.您得知本書的管道：□報紙／雜誌　□電視／電台　□親友介紹　□逛書店　□網路　□傳單／海報　□廣告　□其他

9.您在哪裡買到本書：□書店，店名__________　□劃撥　□現場活動　□贈書　□網路購書，網站名稱：__________　□其他__________

10.對本書的建議：（請填代號　1.滿意　2.尚可　3.再改進，請提供意見）

內容：________________________

封面：________________________

編排：________________________

其他：________________________

綜合意見：________________________________________________________

11.希望我們未來出版哪一類的書籍：__________________________________

讓文字與書寫的聲音大鳴大放

寶瓶文化事業股份有限公司

（請沿此虛線剪下）

| 廣 告 回 函 |
| --- |
| 北區郵政管理局登記 |
| 證北台字15345號 |
| 免貼郵票 |

寶瓶文化事業股份有限公司 收

110台北市信義區基隆路一段180號8樓

8F,180 KEELUNG RD.,SEC.1,

TAIPEI.(110)TAIWAN R.O.C.

（請沿虛線對折後寄回，或傳真至02-27495072。謝謝）